Ese Hombre Esta Muerto

Dennis Otto
con Brian Scott

Traducido por William y Nelly Hernandez

www.9footvoice.com

9 Foot Voice - Minnesota

Derechos de autor Dennis Otto © 2019

Reservados todos los derechos. Este libro o cualquier parte del mismo no puede ser reproproducido o utilizado de cualquier manera sin el consetimiento expreso por escrito permiso del editor excepto para el uso de citas breves en un reseña de libro.

Diseño de portada por Brittany Kalscheur
www.brittanykalscheur.com

ISBN: 978-1-951849-02-3

Las citas de las Escrituras están tomadas de la Santa Biblia.,
New International Version®, NIV® Copyright © 1973, 1978, 1984,
2011 by Biblica, Inc.™ Usado con permiso.
Todos los derechos reservados en todo el mundo.

*A mi hermosa esposa, Patti,
por mostrarme cómo amar de nuevo.*

*A mi papá y mi mamá, Leo y Mary Ann Otto,
por nunca darse por vencidos conmigo.*

*A mi cuñado, Matt Longawa,
por su valentía en Cristo.*

Contenido

Prólogo de Dr Tom Blee .... *ix*

Dios Salva 1
Dios Brilla 17
Dios Conecta 27
Dios Reconcilia 37

Dios Mora 47
Dios Sorprende 59
Dios Se Ríe 71

Dios Busca 85
Dios Perdona 95
Dios Libera 107

Epílogo *117*
Invitación *119*
Oracion *123*

Prólogo

Era un hombre monstruoso con los brazos extendidos cantando y orando a Dios. Se paró al frente, ensombrecido por la luz de la banda.

Amy, me dio un codazo. Llegamos tarde y encontramos un lugar en la parte de atrás. "Ese es Dennis", dijo. "Ese tipo allá enfrente es Dennis".

"¿El gigante?"

Ella sonrió y asintió. Después del culto vino directamente hacia nosotros, este tipo con jeans y camisa con cuello. Amy me había dado la sinopsis de treinta segundos de la historia de su vida. Corrió con motociclistas. Cocino Metanfetamina. Condenado a diez años de prisión. Me sonrió y, mientras le daba la mano, me costó mucho creerlo.

A medida que nos íbamos conociendo, parecía aún más irreal. Soy cirujano traumatólogo, pero nuestra amistad no tuvo nada que ver con sus problemas cardíacos. Dios no necesitaba que estuviéramos conectados desde un punto de vista médica. Dios necesitaba que estuviéramos conectados como hombres espirituales para construir algo nuevo.

Dennis me ayudó durante una transición en mi vida. Tenía mucha basura con la que tenía que trabajar, una vida que reconstruir, y este hombre de grandes brazos en la iglesia se convirtió en una poderosa herramienta de curación para mí.

Pero ese otro hombre: el cocinero de metanfetamina, el convicto, el alborotador; Apenas sabía que alguna vez existió. Dennis rara vez hablaba de esa parte de su pasado. Era difícil creer que el hombre que conocía -amigo generoso, mentor de mis dos hijos, Nick y Jack, ministro del evangelio- pudiera haber tenido algo que ver con esa otra vida.

En el centro de traumatología, a menudo buscamos ese momento imposible de resurrección. Todo el mundo quiere ese milagro, pero la realidad es que sólo lo vemos el 1% de las veces.

Sin embargo, si miramos la forma en que Cristo obra, está resucitando a personas de entre los muertos todos los días. El milagro que todos desean está abierto a todos nosotros sin siquiera poner un pie en un hospital.

Y es la única manera de explicar a Dennis. ¿El cocinero de metanfetamina, el tipo duro de la motocicleta que busca pelea? Ese hombre está muerto. Jesús realizó un milagro en su vida y resucitó a alguien nuevo.

Ha sido una bendición conocer a este nuevo hombre en Cristo. Dennis, el milagro andante, ahora lleva el amor de Dios a dondequiera que vaya. Él está brillando en las cárceles, en los centros de reinserción social, entre los adictos, en las familias... y en este libro.

- Tom Blee, MD
Creador y codirector de LIFEteam,
un programa de intervención hospitalario
Autor de <u>Cómo Salvar a un Cirujano</u>

Dios Salva

Uno

"Dennis, ¿dónde estás espiritualmente?"

Yo estaba al final de la mesa, mi lugar habitual. Matt se sentó frente a mí. Nos conocíamos desde hacía más de un año, pero apenas habíamos compartido una palabra. No le importaba mucho... y con razón. Recientemente había cumplido condena en prisión. Tenía un historial de adicción. Había cocinado y vendido metanfetamina. Me habían clasificado como un criminal violento.

Y yo estaba saliendo con la cuñada de Matt, Patti. Yo tenía cincuenta y tantos años y diecinueve años mayor que ella. Por supuesto que sospechaba. Toda la familia estaba preocupada por mí. Cualquier familia lo haría.

Ahora lo entiendo, pero me molestó en ese momento. Podía sentir la forma en que me miraban. Podría decir lo que estaban pensando.

Y me molestó.

No ayudó que toda su familia fuera muy religiosa, lo que yo consideraba infantil. Había pasado años en el mundo de la adicción y la prisión. Había visto demasiado para creer que existía un Dios.

Aun así, Patti y yo teníamos un hijo juntos, así que iba a sus funciones familiares. Me sentaba en silencio al borde del grupo y me concentraba en mi comida. Después, me quejaba con Patti en camino a casa. "Estos cristianos... ni siquiera me conocen, pero me están juzgando".

Arrastraba los pies a cada reunión, pero fue en una de esas comidas cuando todo cambió.

Fuimos a un restaurante a celebrar algo, no me importaba qué. Yo estaba allí para cumplir con mi deber de novio y padre, y nada más. Saludé a las hermanas y a los padres de Patti y luego me senté junto a Kayden, mi hijo pequeño. Me concentré en él e hice lo mejor que pude para ignorar las risas y la conversación alegre de la familia. Me comí mi hamburguesa y traté de evitar que Kayden se alborotara demasiado. Cuando terminé mis papas fritas, miré mi reloj para calcular cuánto tiempo nos quedaba. Estaba a punto de mirar a Patti, hacerle saber con mis ojos que era hora de irnos a casa, pero sentí algo extraño.

Matt me estaba mirando.

"Dennis", dijo.

Levanté la vista. Se apoyó en la mesa y sin previo aviso me hizo esa pregunta.

¿Dónde estaba yo espiritualmente? Era algo íntimo preguntárselo a un hombre que se estaba limpiando la salsa de tomate de los dedos. Mi primera reacción fue enojo. *¿Nunca me hablaste en todo este tiempo y eso es lo que dices?*

Quería darle un comentario ingenioso y revisé varios en cuestión de segundos. Todos se redujeron a: *¿No sabes quién soy? ¿No sabes lo que le he hecho a la gente?*

Abrí la boca, pero antes de que pudiera decir algo, escuché una voz.

Se honesto.

He consumido muchas drogas en mi vida, pero nunca había escuchado ningún tipo de voz en mi cabeza. Sonaba real. No sabía de dónde venía, pero tuve que cerrar la boca. Escuché por un momento - todo esto duró dos o tres segundos- pero todo se había quedado en silencio.

Me encogí de hombros y volví a mis comentarios. Pero cuando me apoye para mirar a Matt, la voz habló de nuevo.

Esta vez sonó enojado.

Dennis, por una vez en tu vida, ¡SÉ HONESTO!

Mi corazón latía dolorosamente en mi pecho. Luché una batalla silenciosa contra mi mejor juicio. Todo lo que había aprendido en la cárcel y en el mundo de las drogas me gritaba que me callara. Pero decidí por una vez ignorarlo.

Durante todo esto, Matt se quedó mirándome con compasión. Parecía dispuesto a escuchar lo que fuera a decir.

Me recliné y sacudí la cabeza.

No sabía lo que vendría después, pero me aterrorizó.

Después de décadas de mentiras, finalmente dije la verdad.

"Matt", dije, "he estado viviendo en el infierno toda mi vida. Espero que cuando muera sea mejor que esto".

Dos

Cualquier puede lanzar un puñetazo. Cualquiera puede vender una droga. Cualquiera puede fabricar metanfetamina. Nada de esto requiere ninguna habilidad especial, fuerza o coraje.

No hay gloria en esas historias.

Este libro se trata sobre lo que Dios ha hecho. Y sobre lo que Dios está haciendo. Mira a los ojos de ese hombre en mi foto policial y no verás vida allí. Ese hombre está muerto. Ahora estoy vivo.

Jesús todavía resucita a los muertos.

Y eso es todo lo que importa. Las historias sobre armas, drogas y la vida de los mafiosos pueden ser emocionantes, pero sólo nos llevan de vuelta a la oscuridad.

Las historias sobre Jesús nos llevan a la luz.

Aun así, es importante saber algo sobre mí antes de entregar mi vida a Cristo...

No era un buen tipo.

Fui criado en un buen hogar católico. Tuve padres amorosos. Tuvieron seis hijos: dos niños y cuatro niñas. Cinco de ellos se convirtieron en personas honestas y trabajadoras, con familias y buenos empleos.

Uno tomó un camino diferente.

A los trece años comencé a robar licor del suministro de mi padre en el sótano. Incluso entonces, no tomaba sorbos. No me detendría con uno.

Bebía para emborracharme.

A los quince años me pillaron irrumpiendo en un club de campo cercano en busca de alcohol. Por esa época comencé a fumar marihuana casi todos los días en la escuela.

A los diecisiete años, de alguna manera me gradué y comencé a trabajar en la construcción pesada. Todas las noches me emborrachaba. Los fines de semana consumía drogas. Luego, el lunes, sin importar cuán desordenado hubiera estado la noche anterior, me presentaba en el lugar de trabajo listo para comenzar.

Después de demasiados DUI, o sea conducir bajo la influencia, la corte me ordenó recibir tratamiento por alcoholismo. Me presenté a las clases. Las tomé en serio. Dejé de beber.

Pero seguí consumiendo drogas.

Y mi vida sólo se volvió más dura.

Me mudé al lado este de St. Paul y comencé a correr con algunos motociclistas. Eran miembros de un pequeño club apasionados por la lucha. Dos de los chicos habían sido expulsados de The Hell's Outcasts porque eran demasiado violentos.

Encaje perfectamente.

Pasábamos los fines de semana yendo a bares, esperando que alguien se topara con uno de nosotros, esperando que un extraño dijera algo en el tono de voz equivocado. Entonces estaría encendido.

Era bueno en lo que hacía. Perdí algunas, pero nunca retrocedí.

Aunque no me uní a la pandilla, trabajé con ellos vendiendo drogas para ganar dinero extra. Pasaba la mayor parte de mis tardes y fines de semana en mal estado.

Luego, todas las mañanas me levantaba de la cama y llegaba al lugar de trabajo.

En 1985, uno de mis mejores amigos mató a golpes a un hombre por un negocio de drogas que salió mal. Fue condenado por el primer asesinato y sentenciado a 35 años. Unos meses más tarde nació mi primer hijo, Brandon. Había estado viviendo con su mamá; ambos comprometidos con esta vida salvaje.

Una tarde recuerdo tener a mi hijo en mis brazos. No pesaba nada. Sus ojos apenas podían abrirse. Hizo un suave gorgoteo.

Y supe que eso era todo.

Aproveché la primera oportunidad para mudarme fuera de la ciudad. Me casé con la mamá de Brandon. Dejé de consumir drogas y violencia. La vida se calmó y por un tiempo pensé que tenía las cosas resueltas.

Me gustaba mi trabajo. Al final compramos una bonita casa. Pronto nació mi hijo Ryan. Luego tuve a mi hija, Danica.

Hay algo en tener una hija. Si has sido padre de una niña entonces sabes de lo que estoy hablando.

Pensé que lo tenía todo.

Tres

Estaba recostada en el sillón reclinable, con mi hija que ahora tenía tres años y medio dormida en mis piernas. Mi esposa se sentó frente a mí.

"Dennis..." Ella estaba inquieta, nerviosa por algo. "Les pedí a Terry y Jan que vinieran el viernes".

Me moví suavemente hacia ella, con cuidado de no despertar a mi pequeña.

Ella dijo: "Tengo algo que necesito decirte y los quiero aquí".

El calor subió hasta mi pecho y cuello.

"Es miércoles por la noche", dije, "¿y tengo que esperar hasta el viernes para saberlo?"

Sabía que era algo malo. Nuestro matrimonio se había deteriorado en los últimos años. Ella se había vuelto distante y discutía conmigo por cualquier cosa pequeña. Incluso había empezado a no volver a casa por la noche.

Ella encogió sus hombros y miró al suelo.

"¿Qué hiciste?"

Ella no respondió.

"¿Te acostaste con alguien?"

Ella sacudió su cabeza. "Es peor que eso".

"¿Peor que acostarse con otra persona?"

Terminó un comercial y volvió la noticia, pero ya no la escuché. Mi cerebro se estaba flexionando, tratando de resolverlo. Me quedé en blanco.

Mi niña pequeña pateó y su cabeza se deslizó desde mi hombro hasta mi codo. La miré con sus ojos cerrados y su boca ligeramente abierta.

Un pensamiento terrible entro a mi cabeza. Miré de mi hija a mi esposa. Las palabras apenas salieron.

"¿Es ella mí hija?"

Mi esposa salió corriendo de la habitación antes de que la última palabra saliera de mi boca. El dolor llegó instantáneamente. Me habría dolido menos si la casa se hubiera derrumbado encima de mí. Me derrumbé, resoplando para recuperar el aliento. Casi ciego por las lágrimas y la rabia, todavía pude llevar suavemente a mi hija a su cama.

Después me fui.

Conduje inmediatamente hasta el norte de Wisconsin y me detuve sólo una vez para echar gasolina. Tenía un amigo allí que había sido campeón estatal de lucha cuatro años seguidos. Medía 6'4" y pesaba casi 300 libras. Él era un animal.

Necesitaba un animal. Necesitaba a alguien lo suficientemente grande así para cuidarme para no lastimar a nadie ni suicidarme.

Por unos días deambulé por su casa, sacudiéndome de momento en momento con furia. Pero, cuando el fin de semana llegó a su fin, comencé a calmarme hasta que me encontré el domingo por la mañana, sentado en su sofá, de nuevo en mi sano juicio. Pensé claramente en mi situación. Me dolió, pero sabía que sólo había una cosa que hacer.

Esa tarde conduje a casa. Encontré a mi esposa y le pedí con calma que se sentara conmigo en la cocina. Parecía asustada mientras tomaba una silla.

Respiré profundamente.

"Si te echo", dije, "los que van a sufrir son los niños. Pero ellos no hicieron nada. Nuestra hija no hizo nada malo..." Tuve que cerrar los ojos y tomarme un momento. Yo creía esto. Danica nunca dejó de ser mi hija. Hasta el día de hoy y para siempre, sigo siendo su padre.

"Me voy a tragar mi orgullo. Ahora que sé cuál es el problema, trabajemos en ello. Vayamos a terapia".

La terapia no ayudó. Fuimos a nuestra primera sesión, pero no programamos una segunda. Al poco tiempo descubrí que ella tenía otro novio.

Me divorcié de ella. Ella se llevó a los niños. Me quedé en la casa.

Ningún edificio jamás se sintió tan vacío.

Todas las noches caminaba durante horas hasta que me derrumbaba. Los meses pasaron así. Finalmente le dije a mi jefe que me sacara de la ciudad. Si me quedaba más tiempo en esa casa me volvería loco. Iba a lastimar a alguien.

Me envió a Okoboji, Iowa. Conduje hasta allí medio loco por el dolor. La segunda noche salí con un par de chicos a un club de striptease. Entré a trompicones por la puerta, buscando problemas. Puse mi dinero en la barra y tomé un trago de Jack Daniels puro.

Fue mi primera copa en dieciséis años. Siempre consumí drogas (básicamente fui un adicto de alto funcionamiento toda mi vida), pero no había consumido alcohol desde que tenía diecinueve años.

En ese club de striptease en las afueras de Okoboji, bebí mucho. Rápidamente perdí la cuenta de cuantos tragos me tomé. Meses de frustración y dolor ardieron más dentro de mí mientras los bordes de la barra se desenfocaban. Bebí más güisqui y esperé a que sucediera algo.

Al cabo de media hora, el portero estaba en el suelo, con la cara enrojecida.

Mis amigos me sacaron mientras yo todavía gritaba tonterías. Me libré de ellos y salí por la puerta. Por unos momentos todo tuvo sentido. Alguien me lastimó y yo lastimé a otra persona. Así fue como funcionó. Así fue como me las arreglé. Fue lo único que entendí.

Me tope con el siguiente bar. Dejé mi dinero en el mostrador y me tomé un trago. El suelo se agitó debajo de mí. Alguien me miró mal, se movió en la dirección equivocada o dijo algo equivocado. Cinco minutos después de cruzar la puerta, estaba encima de un extraño.

Había mucha sangre.

Por muy mala que haya sido esa noche, fue sólo el comienzo. Cuando no sabes cómo lidiar con el dolor, el dolor nunca desaparece. Entonces seguí luchando.

Después de unas semanas, el jefe de policía de Okoboji intentó hacerme entrar en razón. Cuando me sentó, no me llamó Dennis. Me llamó por mi nuevo apodo, Psicosis.

Pero yo no era un psicópata. Entendí lo que estaba haciendo. Entendí las consecuencias de mis acciones. Simplemente no me importaba. Nada de eso importó. Me dolía tanto que esperaba que alguien me matara.

Quería morir.

Lo perdí todo y no supe cómo afrontarlo. No tenía habilidades para afrontar la situación, así que durante los siguientes tres años lidié con mi dolor de la única manera que conocía: drogas, violencia y oscuridad. Vi cosas malas. Hice cosas malas.

No era un buen tipo.

Cuatro

"Dennis, ¿dónde estás espiritualmente?"

Fue la pregunta equivocada en el momento equivocado y de la persona equivocada.

Había cocinado y vendido metanfetamina. Tenía poder sobre otros adictos de los que abusaba regularmente. Utilicé la violencia para intimidar a las personas que me rodeaban. Había sido un mentiroso y un ladrón.

Sentado en ese restaurante con la familia de Patti, había estado fuera de prisión tres años. Había estado sobrio durante unos seis. Pero todavía vivía en la oscuridad.

Me dije a mí mismo que no era un mal tipo. La vida no era justa y yo sólo estaba recibiendo lo que se me debía. Hice lo que cualquier otra persona haría si tuviera agallas.

Me revolqué en la oscuridad y seguí mintiéndome a mí mismo.

Probablemente estaría viviendo esa misma mentira hoy si Matt no me hubiera hecho esa pregunta.

"He estado viviendo en el infierno toda mi vida", dije. "Espero que cuando muera sea mejor que esto".

Estas fueron las primeras palabras honestas que pronuncié en años y pensé que me saldrían caras. Cuando escaparon de mis labios, inmediatamente me preparé para un sermón.

Matt asintió en silencio, mirándome directamente. Parecía estar escuchando, pero yo había estado rodeado de cristianos lo suficiente como para saber que solo estaba esperando una oportunidad para predicar.

Sin embargo, cuando llegó el momento, lo único que hizo fue formular otra pregunta.

"¿Qué piensas de Dios?"

"Matt", le dije, "las cosas que he hecho. Las cosas que he visto. Algunos de estos tipos... lo que hacen en prisión..." Sacudí la cabeza ante los recuerdos que pasaban por mi mente. "Quiero decir... vi muchas cosas".

Me quedé en silencio por un momento. Matt no empezó diciendo que yo veía todo mal o que necesitaba una actitud positiva. Él simplemente escuchó.

"¿Cómo puede Dios permitir que sucedan cosas así?" Lo miré. "Honestamente, Matt, es difícil para mí creer que Dios existe. Veo buena gente, amigos de mi mamá y mi papá, buena gente, van a la iglesia todo el tiempo. Pero luego escucho que su hijo pequeño se está muriendo de cáncer o que un conductor ebrio atropelló y mató a su hija". Negué con la cabeza. "¿Dónde está Dios? Él no está ayudando a gente así. Y éstas son buenas personas. Si no está cuidando de ellos, ¿por qué diablos haría algo por un hombre como yo?

Incluso después de eso, el sermón no llegó. En cambio, Matt me hizo otra pregunta. Respondí esa y me preguntó otra. Fui honesto y me sorprendí al compartir la verdad sobre quién era yo y el tipo de cosas que había hecho. Pero no importa lo que le dije, él no pareció juzgar.

Seguimos así durante una hora y media. Todos los demás se fueron, incluso mi novia Patti, pero yo apenas me di cuenta.

Finalmente, miré a mi alrededor, hacia la mesa vacía.

Sonreí. "Parece que perdí mi viaje".

Matt me llevó a casa, lo que nos dio otra media hora en el coche para seguir el mismo patrón. Siguió haciendo preguntas más profundas y escuchó mis respuestas.

En la entrada de la casa, estacionó el auto y se voltio hacia mí. Aquí, finalmente, estaba la gran venta. Me había estado preparando durante dos horas, pero lo único que hizo fue hacer una última pregunta.

"Dennis, si te doy un libro, ¿lo leerías?"

Me encogí de hombros. No podía recordar la última vez que leí un libro, pero después de 50 años de actuar con dureza, de ocultar mi dolor, acababa de abrirle mi corazón a un hombre que apenas conocía. Claramente fue una noche para cosas nuevas. Le dije que le echaría un vistazo.

Me entregó una copia de <u>One Heartbeat Away</u> de Mark Cahill. Lo giré en mis manos. Era breve. Me gusto eso.

Le agradecí a Matt por el viaje y el libro, luego salí a la noche fresca. Me sentí extraño, agotada pero más ligera.

En el interior, Patti me dirigió una mirada inquisitiva, pero no tuve mucho que decir. Realmente no podía expresar con palabras lo que acababa de suceder. Además, tenía un libro que leer.

Cahill me enganchó desde la primera página y leí hasta quedarme dormido. Al día siguiente, nada más llegar del trabajo, lo volví a coger. Continué esa noche hasta que lo terminé.

Eran poco más de las nueve. Nuestro hijo estaba dormido. La casa estaba en silencio. En la última página había dos oraciones. Uno, una oración de salvación. El otro, de condena. No te vayas a dormir esta noche, escribió el autor, sin rezar la oración de salvación. Si no lo hiciste, entonces por defecto rezaste la oración de condenación.

Caí de rodillas. Conocía la oración de condenación. Lo había estado rezando durante cincuenta años. Me había estado mintiendo a mí mismo y a todos los demás toda mi vida. Había estado viviendo en el infierno, pero ya había terminado.

Quería a Jesús.

Cerré los ojos en mi sala y entregué mi vida a Cristo.

Incluso mientras oraba, pude sentir que todo cambiaba.

Toda mi vida me había faltado algo dentro de mí: un agujero en mi espíritu. Intenté meter drogas, alcohol, violencia y poder en ese agujero, pero nada funcionó. Intenté actuar como si estuviera bien, como si lo tuviera todo bajo control, pero me sentía miserable.

Por primera vez en mi vida no tuve que mentir. Jesús llenó ese vacío en mi espíritu y se encargó del dolor y la basura que lo acompañaban.

Al día siguiente cuando me desperté no podía dejar de sonreír. Fue como mi primer día en la tierra. Fue como si pudiera ver por primera vez.

Llamé a Matt tan pronto como pensé que estaría despierto. Respondió después de algunos timbres.

Grité al teléfono. "¡Lo hice, Matt!"

Había mil cosas por las que podría haber estado gritando. Conociendo mi historia, la mayoría de ellos eran malos.

Así que, comprensiblemente, Matt se tomó un momento de tranquilidad antes de preguntar: "¿Qué hiciste, Dennis?".

"Matt", dije, riendo. "Di mi vida a Cristo".

Lo celebramos como si fuera mi cumpleaños.

Tenía cincuenta y un años el 15 de marzo de 2010, alrededor de las 9:20 de la noche. Pero fue el momento en que comenzó mi vida.

Dios Brilla

Cinco

En el primer capítulo de su evangelio, Juan escribe sobre Jesús: "La luz brilla en las tinieblas, y las tinieblas no la vencieron" (Juan 1:5).

Durante la mayor parte de mi vida, todo lo que conocí fue oscuridad. Pero entonces apareció Jesús.

El día después de que entregué mi vida a Cristo, Matt me llevó a la tienda. Quería comprarme mi primera Biblia.

Hablamos unos minutos, pero me quedé en silencio mientras su camioneta retumbaba por las calles suburbanas. Era un día frío y gris, pero una luz cálida parecía tocar todo lo que podía ver.

Finalmente, Matt preguntó: "¿En qué estás pensando, Dennis?"

Luché por encontrar las palabras. Llevaba menos de veinticuatro horas siendo cristiano y me costaba entender lo que había sucedido.

Sacudí la cabeza con asombro.

"Es como si estuviera viendo el mundo por primera vez".

En el tercer capítulo de Juan, Jesús le dice a Nicodemo: "Nadie puede ver el reino de Dios si no nace de nuevo".

"¿Cómo puede alguien nacer siendo viejo?" preguntó Nicodemo (Juan 3:3-4).

Él no lo entendió, pero mientras conducíamos hacia la librería cristiana, comencé a entender.

Estaba experimentando algo nuevo. Se llama alegría y tiene sus raíces en algo más allá de la emoción, más allá de cómo fue mi día, más allá de cómo me sentía en ese momento.

Lo único que había conocido era la oscuridad. Ahora, a través de Jesús, vi un mundo de luz.

Seis

DURANTE unos años, después del nacimiento de mi hijo y antes de nuestro divorcio, pensé que tenía la vida resuelta.

Había dejado de beber. Sólo consumía drogas duras los fines de semana y sólo cuando teníamos una niñera que cuidaba a los niños. Tenía un buen trabajo y me hice muy conocido en la ciudad.

En Mateo 7:24-29, Jesús cuenta la historia de un hombre sabio que edificó su casa sobre una roca, donde tenía buenos cimientos. Un hombre necio construyó su casa en la arena.

Llegó una tormenta. La casa construida sobre la roca estaba bien. Pero la casa construida sobre la arena quedó arrasada.

Pensé que había construido una buena vida, pero todo había sido construido sobre arena.

La tormenta comenzó después de que mi exesposa se llevara a los niños. Me escapé a Okoboji pero finalmente regresé para ser parte de la vida de mis hijos. Durante un tiempo mantuve las cosas cambiando mi consumo de drogas. Durante la semana me adormecía con drogas. Luego, los fines de semana, cuando mis hijos venían de visita, me limpiaba.

Me mantuvo lo suficientemente cuerdo para funcionar.

Pero entonces la tormenta arrasó mi casa.

Trabajé duro para ser un buen padre. Me aseguré de llenar mi hogar de amor y calidez. Aun así, los otros cinco días de la semana, las cabezas de mis hijos estaban llenas de mensajes negativos sobre mí. Empezaron a aparecer cada vez menos los fines de semana.

Finalmente, dejaron de aparecer. Sin ellos no tenía nada. Había construido mi vida sobre una base equivocada y eso me costó todo.

Caminaba con un dolor constante. Me adormecí con todo lo que pude encontrar. Fue malo, pero empeoró mucho cuando un joven en un garaje a oscuras me presentó una metanfetamina llamada pelusa de fósforo rojo.

La tomé con avidez. Era tan pura, tan limpia, que corrió por mi torrente sanguíneo y me dejó sintiéndome fuerte, como si pudiera enfrentarme al mundo entero por mí mismo.

El efecto en mi vida fue inmediato. Dejé de trabajar por primera vez desde que tenía diecisiete años. En cambio, me quedé en casa para cocinar y vender pelusa de fósforo rojo en mi garaje. Empecé a trabajar con una banda de motociclistas y a salir con strippers y traficantes de drogas.

Salté de cabeza a la oscuridad.

Me drogaba y me quedaba despierto tres o cuatro días seguidos. Llevaba pistolas dondequiera que iba. Yo era una persona peligrosa, porque no me importaba nada.

Siempre tuve mal genio. Si me lastimaban emocionalmente, mi instinto siempre había sido herir a alguien más porque eso me hacía sentir mejor por un tiempo. Pero ahora, como traficante de drogas a tiempo completo, la violencia se convirtió en mi vida.

Empezaba todos los días en mi garaje, cocinando metanfetamina. Por la tarde lo repartía y cobraba el dinero. Por la noche, tiraba el dinero en efectivo en un casino.

Mi casa estaba llena de adictos que harían cualquier cosa por un pique. Tenía poder y abusé de ese poder, pero nada de eso significó nada para mí.

Me separaron de mis hijos. Terminé todas las amistades reales que tenía. Destrocé mis relaciones con mis padres y hermanos.

Mi vida se volvió un infierno. No me importaba nada. No me importaba si me detenían. No me importaba si iba a la cárcel. No me importaba si me peleaba. Nadie podía hacerme daño porque por dentro ya estaba muerto.

Caminé con una imagen de dureza. Mi actitud les decía a todos que si te metes conmigo te mataría, pero, en el fondo, sabía que eso no era quien realmente era. Mirando hacia atrás, sé que Dios nunca me abandonó. A pesar de todo, pude escuchar su voz, tratando de recordarme que algo había salido mal. Había sido creado para algo mejor.

Me cansó.

Una noche estaba en mi patio trasero atendiendo el fuego químico. Tenía mucho material para quemar porque la policía había estado revisando mi basura. Mi amigo Kevin, que en ese momento se hacía llamar Opie, estaba a mi lado.

"Estoy cansado", dije. "Estoy cansado de vivir así. Quiero salir".

Opie se río y atizó el fuego.

"Dennis, hombres como tú y como yo, no salimos". Él volvió a reír. "Morimos."

No tenía sentido discutir. Él estaba en lo correcto.

Yo tenía cuarenta años. No tenía nada. Yo no era nada. Todo lo que tenía, todo lo que conocía, era oscuridad.

Siete

Dios ilumina las tinieblas.
Estoy familiarizado con ambos.
He conocido la oscuridad mejor que nadie. Y ahora conozco la esperanza y el poder de la luz de Jesús.
Cuando estaba vendiendo drogas, no era raro tener mucho dinero en efectivo conmigo al final del día, enrollado en un bolsillo. No había significado nada para mí. Pasé la mayoría de las noches tirándolo por una máquina tragamonedas.
En contraste, el día después de entregarme a Cristo sostuve mi primera Biblia. Fue agradable. Tenía una funda de cuero. Era grande y pesada. Pero costó menos de cien dólares.
El mundo entero podría codiciar el rollo de billetes, pero para mí, esa primera mañana, nada en el mundo parecía más precioso que mi Biblia.
Le agradecí a Matt un par de veces por el regalo. Rápidamente se convirtió en mi consejero espiritual, que sigue siendo hasta el día de hoy.
Me llevé esa Biblia a casa y la abrí en Mateo, capítulo uno. Leí cómo Jesús pasaba tiempo con los quebrantados.
Y sanó al ciego.

Y echo fuera demonios.

Leí cómo Jesús hacía brillar la luz de Dios dondequiera que iba.

Jesús había hecho brillar esa misma luz en mi oscuridad, y me vi claramente por primera vez. Había sido quebrantada, ciego y lleno de maldad. Pero yo ya no era ese hombre.

Ese hombre estaba muerto.

Así como Jesús lo hizo por Lázaro en la Biblia (Juan 11), lo hizo por mí. Jesús resucitó a un hombre muerto.

Dios Conecta

Ocho

Alguien me agarró del brazo. Me di la vuelta, con el puño ya cerrado, inmediatamente listo para tumbar a quien encontrara. Pero todo lo que vi fue a una dulce señora mayor, de aproximadamente un tercio de mi tamaño, sonriéndome.

La mujer ignoró la mirada en mis ojos y abrió los brazos para abrazarme. Me quedé mirándola, esperando a que mi corazón dejara de latir en mi garganta.

Me había olvidado de mí mismo por un momento. Esto no era el patio de una prisión. Este no era un bar de motociclistas.

No dejaba de sonreír, paciente como una santa. No había escapatoria. Me rodeó la espalda con sus frágiles brazos y me abrazó.

Esto era la iglesia.

Yo había sido cristiano durante unos tres días cuando Matt apareció de nuevo, sonriendo en su camioneta. Nuestro destino esta vez fue algo llamado Alpha en las Asambleas de Dios de River Valley en Apple Valley, Minnesota.

Yo no sabía nada de estas cosas. Crecí en un buen hogar. Mis padres eran católicos. Hice todos los ritos y nos presentábamos los domingos con bastante regularidad. Pero no había ido a la iglesia en décadas.

Y esto no era nada como lo recordaba.

Alpha es un programa para personas nuevas en la fe. Estábamos en una sala llena de gente emocionada por aprender más acerca de Jesús. Todos sonreían. Todos estos extraños parecían felices de verme. Hubo muchas risas y abrazos.

Todavía no me gustaba que me tocaran, así que traté de mantener la distancia, pero a los pocos minutos estaba envuelto en los brazos de una mujer cuyo cabello gris apenas me llegaba al pecho.

Tan fácil como eso, estaba conectado. Cené y escuché el programa. Al final de la noche había conocido a docenas de personas más e incluso permití que un par más me abrazaran.

Sabía que la oscuridad podía ser contagiosa. Se propaga a través de sótanos y garajes, a través de los consumidores y traficantes atrapados en el mundo de las drogas.

Esa noche, sin embargo, descubrí que la luz también era contagiosa. Estaba zumbando cuando llegué a casa. Me sentía feliz. Me sentía vivo. Me sentía lleno del Espíritu.

Me sentía como yo mismo, como si finalmente fuera la persona para la que Dios me había creado.

Me enganché. Me presenté en River Valley para el culto el domingo por la mañana. Me encantó la música y el mensaje. Dondequiera que miraba, veía a Jesús. A nadie le importaba lo que hubiera hecho. Conocían mi historia, que había sido cocinero de metanfetamina y traficante de drogas. Sabían que había pasado un tiempo en prisión.

Pero, aun así, me saludaron calurosamente y me invitaron a sentarme a su lado.

Dios me había conectado con esta comunidad. Y aprendí rápidamente que la conexión es lo opuesto a la adicción.

Nueve

.

Cuando vendía drogas, estaba en la cima de mi pequeño montón de basura en el sureste de Minnesota. Otros adictos querían estar cerca de mí. Cada habitación de mi casa tenía a alguien que se quedaba en ella casi todas las noches. Estaba rodeada de gente, pero nunca había estado más sola.

Cuando te hundes en la adicción, lo primero que haces es desconectarte de cualquier persona que realmente se preocupe por ti. Tu adicción te separa de la familia y la comunidad, por lo que nada se interpone en tu camino a medida que te vuelves más y más tú mismo.

Corté a mi familia. No tenía amistades reales. Veía a otras personas solo por lo que podían hacer por mí. Y así me veían todos.

Bill era el tipo de amigo que tuve en esa vida. Era un retocador, como yo, y un día me llevó a un lado para pedirme un favor.

"Tengo un amigo que acaba de recibir un acuerdo con el seguro. Quiere ganar algo de efectivo rápido con el dinero y estaba buscando obtener una onza de droga de ti".

Acepté, sin saber que casi todo lo que decía era mentira. El hijo de Bill, también adicto, había conocido a un chico en un bar que buscaba comprar una onza. Como yo no era tan tonto como para venderle tanta metanfetamina a un extraño, Bill se había inventado la historia.

Bill viajó conmigo a un restaurante Perkins en Golden Valley. El estacionamiento se encontraba al lado de la interestatal, por lo que había grandes barreras de sonido a lo largo de la carretera principal. Solo había una forma de entrar y otra de salir.

La camioneta del comprador se detuvo bajo una farola. Bill se quedó atrás mientras yo salía para hacer el trato.

El hombre parecía firme. Tenía el dinero en efectivo. Le di la onza de droga.

"Luz verde," dijo.

Creí haberlo oído mal. —"¿Qué fue eso? "

No necesitó responder mientras treinta policías se arremolinaban a mi alrededor. Una señora mayor cerca de la entrada era policía. Un hombre parado en la parada de autobús era un policía. Salieron de los coches estacionados. Aparecieron por detrás del edificio. Los cruceros bloquearon las salidas.

Me tiraron al suelo antes de que entendiera del todo lo que había pasado. Un oficial me apuntó a la cabeza con un M16.

No me resistí, pero escuché a un policía gritar: "¡Baja el arma!".

Al instante, supe lo que había sucedido. Bill no tenía la intención de tenderme una trampa. Confió en su hijo, quien confió en un extraño en un bar. Estaba sentado en mi camioneta, ajeno a la acción.

Bill, que era un drogadicto, comenzó a revisar mis cosas tan pronto como salí. Había comprado una pistola nueva ese mismo día y la había guardado en el compartimento central entre los asientos.

Bill encontró mi arma y la estaba mirando, tratando de decidir si me diera cuenta de que faltaba.

Me quedé allí con mi vida en sus manos. El oficial con la pistola apuntándome a la cabeza tenía el dedo en el gatillo. Si Bill hacía un movimiento estúpido, yo estaba muerto.

Bill soltó el arma y me llevaron al departamento de policía en lugar de a la morgue, pero así es como se ve la adicción. Te separa de cualquiera que te ame. Te separa de la familia, de la comunidad, de Dios. Te aleja de todas las cosas que hacen que la vida sea hermosa hasta que no queda nada.

Diez

Lo opuesto a la adicción es la conexión.

Desde el principio, Dios ha tomado a las personas quebrantadas y las ha conectado con algo más grande y mejor que ellas mismas.

Moisés mató a un hombre y huyó de la responsabilidad. Pero Dios lo encontró en el desierto y lo conectó con su pueblo. Moisés siguió a Dios y se convirtió en el profeta más grande de Israel (Éxodo 1-20).

Noemí perdió a su esposo, a sus hijos, y se había entregado por completo a la desesperación. Pero Dios la conectó con Rut, quien le dio esperanza y familia (Rut 1-4).

María Magdalena estaba sola. Siete demonios la poseían. Su vida era un infierno. Pero Jesús la sanó y la conectó con la comunidad cristiana primitiva, donde se convirtió en la primera testigo de la resurrección (Marcos 16:9).

Y Saulo persiguió a la iglesia primitiva hasta que Dios lo derribó de su caballo y lo dejó ciego. En la tierra fue reprendido por Jesús por sus pecados. Pero entonces Jesús lo relacionó con Anaís y los cristianos de Damasco. Con el tiempo se convirtió en el evangelista más grande de la historia (Hechos 9).

Dios nos conecta. Lo hizo en la Biblia. A mí me lo hizo.

Después de haber estado adorando en River Valley un par de meses, uno de los pastores, Jeff Kerr, me pidió que contara mi historia en video para una serie de sermones que estaba haciendo. Él estaba predicando sobre el Salmo 103: *Tan lejos como está el oriente del occidente, así ha quitado de nosotros nuestras rebeliones.*

Unos días más tarde me senté frente a una cámara y hablé honestamente sobre todas las cosas que había hecho y lo que Jesús había hecho por mí. Más tarde, mi historia fue transmitida a todos los campus. Después de ese domingo, apenas podía caminar por el estacionamiento.

"¡Muchas gracias!", decía una mujer. —¿Hablarías con mi hermano? O un hombre preguntaba: "¿Podrías ayudar a mi hijo?"

No pasó mucho tiempo antes de que Dave Phillips, otro pastor de River Valley, me invitara a unirme a su equipo de ministerio carcelario. Todo sucedió rápido, pero así es Dios. Me conectó a una comunidad cristiana y a un ministerio. Él me puso a trabajar, ayudando a hombres quebrantados, hombres adictos, a encontrar su camino hacia Jesús.

Estaba conectado.

Dios Reconcilia

Once

El cardiólogo toco la puerta. Mis hermanas dejaron de reírse y mi padre se subió a la cama. Una sonrisa -había estado bromeando con la enfermera- se dibujó en su rostro.

—Leo —dijo el cardiólogo—. "Estás listo para irte a casa".

Papá había tenido un pequeño ataque al corazón dos días antes. Durante las primeras veinticuatro horas estuvo a la deriva, apenas consciente, pero esa mañana se había despertado. Siguió fortaleciéndose, físico y emocionalmente, a medida que avanzaba el día hasta esa noche en la que parecía estar completamente de vuelta con nosotros.

El cardiólogo sonrió. "Ajustaremos tu medicación, pero puedes irte mañana a primera hora de la mañana".

Fue una gran noticia y lo celebramos en familia. Pero también era tarde en el día y tenía algunas cosas de las que tenía que ocuparme en casa. Como vería al viejo por la mañana, me despedí.

Apreté el hombro de mi mamá y me volví hacia mi papá. Era un viejo alemán y no un abrazador. No recuerdo un beso suyo en toda mi vida.

No puedo decir de dónde vino, pero me incliné hacia adelante y le di a mi papá un beso en los labios. Lo dejó atónito, creo.

A mí también me sorprendió.

Cuando salí por la puerta, pensé: "Eso fue realmente extraño".

Aun así, estaba feliz mientras conducía a casa. El día anterior pensé que mi papá se enfrentaba al final. Ahora, parecía que tendríamos más tiempo.

Pero mi teléfono sonó temprano a la mañana siguiente y una parte de mí lo supo antes de contestar. La voz de mi hermana se quebró cuando pronunció mi nombre.

Papá tuvo un aneurisma durante la noche. Nunca despertó.

El médico tenía razón, en cierto modo. Había llegado la hora de que mi padre se fuera a casa.

Doce

Después de que el choque desapareció, y después de que tuve tiempo de superar mi dolor, comencé a ver cuán profundamente Jesús me había bendecido esa noche.

Demasiados chicos que conozco perdieron a sus padres cuando estaban en prisión. Sus padres y madres solo pudieron ver la oscuridad. Pero para mí, después de cincuenta años de causarles dolor, fueron capaces de ver lo bueno en mí.

Seis meses antes de que muriera, pude decirle a mi papá que había entregado mi vida a Cristo. Llena de luz por primera vez en mi vida, compartí con él acerca de mi iglesia y las cosas que estaba haciendo por Jesús.

Nunca respondió mucho. Asentía con la cabeza o gruñía, pero no hablaba de ello más allá de eso. Me desanimó por un tiempo, hasta que mi tía me aparto en una reunión familiar.

"No sé lo que le hiciste", dijo, "pero de tu fe y de tu iglesia es de lo único que habla".

La conexión es lo opuesto a la adicción, y Dios me había conectado con mi padre.

Estoy muy agradecido de que Dios me haya dado ese regalo, de que pude mostrarle a mi papá cómo había cambiado. Él y mi madre nunca perdieron la esperanza. Creyeron en mí incluso cuando estaba en mi peor momento. Vieron algo bueno en mí incluso cuando no había ninguno.

Dos semanas antes de cumplir cuarenta y ocho años, salí de la cárcel. No quería ir a un centro de reinserción social porque estaba sobrio y necesitaba mantenerme alejado de los adictos. No tenía amigos. No tenía dinero. No tenía dónde quedarme.

Mis padres me acogieron, a pesar de que mi padre tenía serias reservas. Él sabía tan bien como cualquiera en lo que me había convertido. Él sabía que yo era violento. Era peligroso. Yo era traficante de drogas.

Y tenía razón en estar preocupado. Cuando me mudé con ellos, quería mantenerme sobrio, pero también necesitaba recuperar mi dinero. Me enfrentaba a doce meses de Libertad Supervisada Intensa (LSI). Durante ese tiempo tuve que reportarme a diario. Mi asistente social sabía exactamente a dónde iba en todo momento, e incluso me seguía para asegurarse. No había nada que pudiera hacer en LSI, pero tan pronto como terminara, planeé comenzar a cocinar metanfetamina nuevamente.

Quería ser un traficante de drogas sobrio. Pensé que ahí era donde estaba el dinero.

Pero algo sucedió durante esos doce meses. Dios comenzó a hacer conexiones en mi vida incluso antes de que yo le entregara mi vida a Él.

Mi padre era un buen padre, pero como la mayoría de los hombres de su generación, primero fue un proveedor. Crecí en un hogar amoroso, pero mi papá confió en mi mamá para criar a los niños. Su prioridad era llevar a casa un cheque de pago.

Debido a que él siempre estaba en el trabajo, nunca desarrollamos una gran relación. Sin embargo, cuando regresé después de la prisión, no tuvimos más remedio que pasar tiempo juntos. Estaba jubilado. Y no se me permitía salir de casa, excepto para el trabajo y las reuniones de Alcohólicos Anónimos (AA).

Al igual que yo, mi papá trabajó en la construcción toda su vida, pero su espalda y rodillas no funcionaban tan bien como solían hacerlo, por lo que tenía algunos proyectos en la casa que ya no podía hacer. Durante el día, arranqué los escalones de su cubierta y puse tubos sónicos.

Mientras yo trabajaba, él estaba cerca. Hablamos. Sobre la obra. Sobre el día. Sobre lo que sea.

Mi papá tenía una habitación en la trastienda de su casa. No había televisores, ni celulares, ni ruido. Por las noches, él se sentaba en la mecedora y yo en el sillón reclinable. Escuchábamos el viento empujar contra la casa. Observábamos a las ardillas.

Hablamos. Sobre los Twins. Sobre las noticias. Sobre lo que sea.

Un mes antes del final de mi período de prueba, comencé a comprar cosas para mi nuevo hogar. Un amigo me había ofrecido una propiedad de alquiler. Nunca habíamos hablado de mi mudanza, pero una mañana mi padre me encontró en la cocina desayunando. Se sentó a mi lado y me observó en silencio durante unos minutos.

– Dennis -dijo-. Su voz era más suave de lo que jamás la había escuchado. "No tienes que irte, hijo. Tenemos espacio de sobra".

Lo miré, con un nudo en la garganta. Me había mudado como un exconvicto. En mi corazón, todavía había sido un traficante de drogas. Yo era un hombre peligroso y mi papá no estaba seguro de si era una buena idea tenerme en casa. Pero Dios había hecho que todo cambiara. Por fin conocí a mi padre y él me conocía a mí.

Estaba agradecido más allá de las palabras, y a una parte de mí me hubiera encantado quedarme con él y mamá, pero tenía casi cincuenta años. Necesitaba mi propio espacio.

Le di las gracias, pero negué con la cabeza.

Mi nueva relación con mi padre me cambió. Mientras empacaba mis cosas, ya no tenía planes de volver a cocinar o vender drogas. Ya no podía imaginarme viviendo esa vida.

No podía hacerle eso a mi papá.

Trece

Si eres padre, realmente no puedes sobreestimar la importancia de la relación con tus hijos.

La buena noticia de mi historia es que nunca es demasiado tarde. Tenía cuarenta y nueve años cuando la relación con mi padre me cambió.

Me esfuerzo por vivir esto con mis hijos. Me rompí algo en mi hombro hace años. El médico me dijo que necesitaba ser reemplazado, pero seguí posponiendo la cirugía. Mi hijo, Noah, se me acercó recientemente y me pidió que jugara a la pelota.

Por supuesto que dije que sí, y salimos al patio delantero. Mi hijo mayor, Kayden, vino a unirse a nosotros.

Era una hermosa noche de verano, pero estaba en problemas después del primer lanzamiento. Comenzó como una punzada, pero empeoró hasta que casi me pongo a llorar por el dolor.

Mi esposa, Patti, pudo ver mi cara y gritó desde la casa: "¡Deja de jugar!".

Negué con la cabeza y le lancé otra a mi hijo. No tengo muchos recuerdos de jugar con mi padre mientras crecía, pero los que tengo tienen que ver con la pelota. Así que pensé: "Voy a jugar a la pelota con mis hijos, aunque me mate".

Quiero asegurarme de conectarme con mis hijos.

Porque nuestro Padre Celestial quiere conectarse con nosotros.

Porque lo opuesto a la adicción es la conexión.

Porque Jesús nos conecta con las personas que nos rodean.

Porque no se puede sobreestimar la importancia de la relación entre padres e hijos.

Y porque no hay nada mejor que ver a mi hijo iluminarse cuando atrapa un fly elevado.

Dio Mora

Catorce

Patti y yo llevábamos cuatro años casados. Teníamos dos hijos. Teníamos una casa. Yo era activo en mi iglesia. Tenía un buen trabajo, ganaba buen dinero para mi familia. Cuando podía, en las horas entre el trabajo y pasar tiempo con mis hijos, hacía algo de ministerio.

El 3 de diciembre de 2014, llegué a casa de una cita con el dentista. Después de cruzar la puerta, inmediatamente comencé a reunir el equipo que necesitaba para ir a pescar en el hielo. La casa estaba tranquila. Kayden, nuestro hijo mayor, estaba en la escuela. Patti estaba con Noah, mi hijo menor, haciendo mandados.

Amontoné el equipo en el camión. Me apresuré al dormitorio para cambiarme de ropa y luego regresé abajo. Cogí mis botas del armario y me senté. Me sentía bien. Estaba emocionado por llegar al lago, pero cuando me agaché para ponerme los calcetines, sentí como si algo se rompiera. Un dolor punzante me atravesó el pecho, me subió por el cuello y me llegó a la cara.

El dolor nubló mis pensamientos, pero traté de descartarlo. Decidí que estaba experimentando una reacción tardía a la novocaína y pensé que pasaría rápidamente. Todavía quería pescar.

Otra ola de dolor se apoderó de mí y supe que tenía problemas.

Saqué mi teléfono del bolsillo y marqué el 'nueve' y el 'uno', pero me detuve. Estaba solo y apenas podía moverme, pero todo el mundo sabe que los tipos duros no llaman al 911.

Durante unos minutos, traté de sentarme perfectamente quieto. Seguí esperando que el dolor disminuyera, pero en todo caso, empeoró un poco. Pasé el pulgar por encima del último 'uno'.

No quería morir de terquedad.

Me recosté en la silla y luché por respirar. Esto era algo serio. Finalmente reconocí que necesitaba ayuda, pero en el mismo momento recordé que la puerta principal estaba cerrada.

Por primera vez, sentí pánico de verdad. Si llamaba a los servicios de emergencia, los técnicos de emergencias médicas tendrían que romper mi puerta.

El esfuerzo casi me mato, pero logré ponerme de pie. Con las rodillas tambaleándose debajo de mí, me acerqué al cerrojo. El primer paso salió bien. Lo tenía bajo control. El segundo fue un poco inestable. Mi cuerpo pesaba mil libras más de lo que pesaba esa mañana, pero no me preocupé por eso. En el tercer paso, sin embargo, mis piernas cedieron y me desplomé en el suelo.

Tendido en el suelo, finalmente tuve que admitir que esto no era solo una reacción a la novocaína. Con un gruñido furioso, golpeé al otro 'uno'.

Entre jadeo, le expliqué mi situación al despachador. Me dijo que la ayuda estaba en camino. Satisfecho, colgué el teléfono y empecé a gatear.

No sabía si iba a sobrevivir el día, pero haría todo lo que estuviera a mi alcance para asegurarme de que la puerta de mi casa lo hiciera. Eran los tres metros más largos que he tenido que mover, pero abrí el cerrojo unos minutos antes de oír las sirenas. Sabiendo que había hecho todo lo que podía, me apoyé contra la pared para esperar.

Veinte minutos después, un paramédico me sonreía. —Bueno, Dennis —dijo—, no tuviste un ataque al corazón.

Asentí con la cabeza. El dolor había desaparecido poco después de su llegada. Habían conectado cables para un electrocardiograma, pero aún no me habían movido.

"Eso es genial. Entonces voy a ir a pescar en el hielo".

"Vaya", dijo ella. "Puede que no hayas tenido un ataque al corazón, pero claramente sucedió algo grave. Tienes que venir al hospital".

Negué con la cabeza. "No entiendes. Necesito llegar al lago. Están mordiendo. Aquí..." Saqué mi teléfono. "Tienes que ver algunas fotos de los peces que pesqué ayer".

"Te tomo tu palabra. Pero tienes que ser revisado por un médico".

"Probablemente fue solo gas".

Se recostó sobre sus talones y levantó una ceja.

"Déjame preguntarte esto: ¿por qué estás sentado en el suelo?"

Dudé. Sabía que era una trampa y traté de pensar arreador de ella. Pero finalmente dije la verdad.

"Supongo que mis piernas fallaron".

"Dennis, tienes que ir al hospital y que te revisen esto".

Aun así, dudé. Discutí con el paramédico, minimizando lo sucedido hasta que Patti y Noah llegaron a casa. En ese momento decidí ir al hospital porque mi esposa no me dio otra opción.

Resultó ser la decisión correcta. Mi presión arterial se desplomó en la ambulancia. En el hospital, me llevaron de urgencia para que me hicieran una tomografía computarizada. Poco después, un médico se apresuró a mi cama.

– Dennis, tenemos que llevarte a la Universidad de Minnesota.

Su voz era mortalmente seria y la expresión de su rostro era sombría.

"Doctor, dígamelo directamente. ¿Qué estoy enfrentando?"

"La arteria principal que sale del corazón se ha dividido en el abdomen. Se llama disección aórtica y se necesita una cirugía de emergencia inmediata", dijo. "Es grave, pero si puedes llegar al Hospital Universitario, tendrás una oportunidad de luchar".

Me dijo que tenía una oportunidad, pero su lenguaje corporal me dijo que ya estaba muerto.

El helicóptero no estaba disponible, así que me llevaron a toda prisa en la ambulancia. Me quedé mirando el cielo azul de diciembre mientras rodábamos por la carretera. Los chicos del EMT se sentaron en silencio, sin decir mucho. Pensé que estaban esperando a que muriera.

Empecé a hablar con Dios.

"Querido Jesús", le dije, "este es tu plan. Este es tu trato, y lo acepto. Si quieres que vuelva a casa, vámonos". Pensé en Patti y en mis hijos. "Tendré algunas preguntas, pero confío en tu palabra. Dijiste que cuidabas a las viudas y a los huérfanos y te cumpliré con tu palabra".

Respiré hondo. "Pero si quieres que me quede, me quedaré. Y te serviré como pueda".

Unos minutos después, llegamos al Hospital Universitario. Un equipo me rodeó antes de que bajara de la ambulancia. El cirujano pareció sorprendido de encontrarme vivo. Dos camilleros empujaron mi camilla, casi a toda velocidad, hacia un quirófano.

El cirujano trotó a su lado. "Si tengo que reemplazar su válvula, ¿qué tipo quiere?"

No tenía ni idea de cómo responder. Quería decirle: ¿Qué tal si pones uno que funcione, doctor? Pero después de unos segundos de reflexión, le dije: "Si yo fuera tu hermano, ¿qué tipo usarías?"

"Sintético".

"Ahí lo tienes".

Me prepararon para la cirugía. Tenía muy poco tiempo antes de que me sometieran, pero en esos pocos minutos pude ver a Patti y a mi cuñado, Matt.

De alguna manera, habían vencido a la ambulancia que venía de Apple Valley. En primer lugar, la próxima vez deberían dejarme conducir. En segundo lugar, cuando Patti entró en mi habitación del hospital, se sorprendió al encontrarme en paz. Más tarde diría que era como si estuviera brillando.

Mi aorta se había partido. Estaban a punto de abrirme el pecho y pararme el corazón para una cirugía que duraría catorce horas. Pero, frente a esto, me había inclinado hacia la luz de Cristo.

Había aceptado totalmente el plan de Dios, fuera lo que fuese.

La cirugía fue un éxito, pero me dejó en coma durante cinco días. Después de que finalmente desperté, todavía me enfrentaba a un largo camino de recuperación. Pasé los siguientes dos meses entrando y saliendo del hospital sometiéndome a todo tipo de procedimientos. Durante mucho tiempo, casi todos los cirujanos o médicos que me visitaban se metían en mi habitación con aspecto de derrota, como si estuvieran arrastrando un peso de cien libras detrás de ellos. Claramente no esperaban que lo lograra.

Pero Jesús caminó conmigo y con mi familia a cada paso. Tuve algunos días malos, pero siempre estuve tranquilo, sabiendo que Dios me tiene a mí y a las personas que amo.

La paz de Cristo es algo asombroso. No importaba dónde estuviera, no importaba el caos que sucedía a mi alrededor, podía sentirlo dentro de mí.

Y se irradió. Su paz conmovió a enfermeras, médicos, familiares, amigos, absolutamente a todos los que vinieron a visitarlo.

Quince

Pasé los primeros cincuenta años de mi vida en la oscuridad. En lugar de esperanza, emitía dolor. En lugar de paz, sembré el caos.

En el peor de los momentos, hacia el final, tenía drogas y dinero en efectivo, y gente que haría cualquier cosa para ganarse mi favor.

Tenía mujeres, pero no amor. Tenía poder, pero no alegría. Tenía dinero, pero no luz.

No conocía nada más que la oscuridad.

Y la oscuridad se extendió. En el año antes de mi arresto, quedó claro que estaba siendo observado. Los policías se sentaban afuera de mi casa. Me recogían por cualquier cosa. Una vez me detuvieron por ir una milla por hora más del límite de velocidad.

Sabía que se acercaba el final y podría haberme alejado. Podría haber hecho mil cosas de otra manera, pero no sabía cómo cambiar. Estaba tan metido en la oscuridad que la cárcel parecía la única salida.

Finalmente, me arrestaron afuera de Perkins por vender esa onza de metanfetamina. Era una acusación bastante grave, pero era mi primera ofensa, y no tenían nada más. No tenían pruebas de fabricación. No tenían el fósforo rojo. No tenían cristales de yodo negro. No tenían pastillas.

En la cárcel, inmediatamente comencé a jugar el sistema. Mi plan era entrar en el programa Teen Challenge. Pensé que cumpliría un año fácil en tratamiento y volvería a la calle. Contraté a un abogado caro para que lo hiciera realidad.

Pero el lunes por la noche, unas semanas después de mi llegada, un guardia me llamó por mi nombre y me ordenó que fuera a la segunda pantalla. Me senté frente a un pequeño televisor y levanté el teléfono. Apareció una mujer. Se había cubierto la cara con las manos y sollozaba tan fuerte que tardó un momento en reconocerla. Cuando lo hice, me quedé boquiabierto.

Mi exesposa había venido a visitarme.

Apenas me saludó antes de llegar al grano de su visita. Mi hijo mayor estaba en la misma cárcel, me dijo, una unidad a lado mío.

Hasta ese momento había estado flotando a través del sistema. Me metieron en la cárcel, pero no fue nada, apenas un badén. No podían tocarme.

Pero ese momento, escuchar el nombre de mi hijo en los labios de mi exesposa, me destruyó.

Se había mudado a casa unos meses antes. Había querido pasar más tiempo conmigo después de cumplir los dieciocho años.

Traté de crear una vida normal a nuestro alrededor, pero no pude ocultar mi operación criminal. Nunca lo involucré en nada de eso, pero él vio la oscuridad.

Y la oscuridad se extendió. Después de mi arresto, otro cocinero de metanfetamina le pidió a mi hijo que comprara cristales de yodo negro de un proveedor médico. Estos cristales son uno de los ingredientes para la fabricación de la droga. Era legal comprarlo, pero verificaron su licencia y pusieron su nombre en una lista. Un cocinero de metanfetamina no podía comprar con demasiada frecuencia, pero teníamos una solución fácil. Le pagábamos a un joven unos cientos de dólares para que nos lo comprara.

Mi hijo tomó el dinero e hizo el corrido. En el proveedor, escanearon su licencia y la enviaron a las autoridades. Se emitió una alerta de que su padre estaba en la cárcel enfrentando cargos de drogas. Inmediatamente lo arrestaron por conspiración para fabricar metanfetaminas.

Mi exesposa me dijo que se enfrentaba a una pena de hasta 48 meses.

Me quedé mirándola. Cuando terminó, apenas podía respirar. Tenían más en mi hijo que en mí.

En Juan 11:9-10, Jesús les dice a sus discípulos: "El que anda de día, no tropieza, porque ve la luz de este mundo. Pero si alguno anda de noche, tropieza, porque la luz no está en él".

Caminaba en la noche. La luz no estaba en mí, así que llevaba la oscuridad conmigo dondequiera que iba. Se extendió de mi vida y tocó a todos los que me rodeaban. Afectó a mis padres. Afectó a mis amigos.

Afectó a mi hijo.

Yo era el responsable. Era muchas cosas en ese momento de mi vida, la mayoría de ellas malas, pero nunca fui un punk. Le dije a mi exesposa que le dijera a Brandon que mantuviera la boca cerrada y que yo me encargaría de todo.

A la mañana siguiente me senté con mi abogado en una habitación sin ventanas.

"Escucha", le dije, "quiero que se desestimen todos los cargos contra mi hijo. Quiero que salga de la cárcel esta tarde. Y quiero que todas las investigaciones sobre mi casa se detengan ahí".

Frunció el ceño y negó con la cabeza.

"Para hacer todo eso", dije, "¿qué tendré que alegar?"

Desapareció durante diez minutos y regresó con una oferta: 110 meses.

El día anterior esperaba no ir a la cárcel por completo y pasar el rato en un centro de tratamiento. Ahora me enfrentaba a casi diez años, pero firmé la declaración de culpabilidad. Aun en medio de las tinieblas, no iba a dejar que mi hijo hiciera tiempo por mis errores.

Él salió libre y yo fui a la cárcel, pero esto es lo que hace la oscuridad. Llena tu vida de caos. Se contagia a tus seres queridos. Y te sigue a donde quiera que vayas. La cárcel era un infierno, pero también lo era mi vida fuera de la cárcel. Detrás de las rejas o en mi garaje, no importaba; Estaba tropezando durante la noche.

Cuando estás en la oscuridad, está contigo dondequiera que estés.

Cuando estás en la oscuridad, toca a las personas que te rodean.

Pero cuando estás en Cristo, Su luz está contigo dondequiera que estés.

Cuando estás en Cristo, Su luz toca a las personas que te rodean.

Antes de conocer a Jesús, podía poseer todo lo que el mundo tenía para ofrecer y aun así ser miserable.

Jesús me trajo más gozo del que jamás podré explicar. Después de entregarle mi vida, pude estar en una habitación de hospital, cara a cara con la muerte, y aun así estar en paz.

No seas como yo. Me tomó cincuenta años para entregar mi vida a Jesús.

Si vives en la oscuridad, no necesitas esperar. En este momento, Jesús te está ofreciendo Su luz, Su amor, Su paz.

Sé que es difícil. Tienes que rendirte. Tienes que ponerte de rodillas y ceder el control de tu vida.

Pero ahora es el momento.

Dios es luz. En Él no hay oscuridad en absoluto.

Vuélvete a Jesús. Y vuélvete hacia la luz.

Dios Sorprende

Dieciséis

John me llamó una semana antes del evento.

"Hola Dennis", dijo, "necesito una biografía tuya. ¿Podrías armar un par de oraciones que expliquen por qué los hombres deberían pagar para escuchar tu historia?"

Había sido invitado a ser el presentador principal de una conferencia de hombres en las Asambleas de Dios de New River en Red Wing, Minnesota. Nunca había hecho algo así.

"Hum..." Le dije. "Dame tiempo para responderte sobre eso".

Tres días después sonó mi teléfono. Era John.

"¿Tienes algo para mí?"

"John", le dije, "por mi vida no puedo entender por qué alguien querría venir a escucharme hablar".

No se trataba de una falsa modestia. No tenía negocio en dar una charla en una conferencia de hombres. Yo no era un orador público. Unos años antes ni siquiera se me habría ocurrido hacer algo así.

Pero después de meses de cirugías cardíacas y estadías en el hospital, algo había cambiado. Experimenté la paz de Cristo tan profundamente a través de un período difícil que salí de él con un hambre de servir.

Una noche, mientras todavía me estaba recuperando en casa, fui a adorar a la iglesia River Valley. Estaba en mal estado y Pam Johnson (ella y su esposo Mark Johnson son pastores) me detuvo cuando salía.

"Dennis..." Contempló mis mejillas hundidas y mi piel gris. "¿Alguna vez vas a poder volver a trabajar en la construcción?"

Yo mismo había estado luchando con esa pregunta. En ese momento no estaba seguro si pudiera caminar al auto, mucho menos si haría funcionar una retroexcavadora. Me encogí de hombros y respondí honestamente.

"No lo sé."

"Bueno", dijo ella, "el ministerio que haces con estos hombres... Siempre pensé en ti como un pastor".

La pregunta activó un interruptor. El Espíritu Santo comenzó a agitar las cosas dentro de mi cabeza.

Casi todas las semanas alguien me paraba en la iglesia y me pedía que hablara con su hermano, padre o hijo. Y cuando no estaba en cama por problemas cardíacos o trabajando en la construcción durante doce horas al día, conducía para visitar a los hombres encarcelados en la prisión de Faribault.

Había estado haciendo este ministerio por más de un año, pero, hasta que Pam dijo algo, nunca me había considerado pastor.

No pasó mucho tiempo antes de que le preguntara a uno de los pastores de la iglesia cómo empezar. Me señaló la Escuela Bereana de la Biblia. Ofrecían nueve clases, explicó, que costaban 100 dólares cada una.

Estaba cada vez más segura de que Jesús me estaba llamando al ministerio. Pero no estaba seguro del precio.

Patti era ama de casa. Tenía una incapacidad temporal que no cubría nuestra hipoteca. Tenía seguro, pero todavía teníamos un deducible de $6000.

En total, teníamos unos 150 dólares en el banco.

Volví a casa y compré el primer curso. Entonces se lo dije a Patti.

Ella no estaba contenta.

Pero sentí fuertemente que Dios me estaba llamando a hacer esto. Corrí mi vida durante los primeros cuarenta y tantos años y me impuso una sentencia de 110 meses de prisión. Era hora de dejar que Dios la dirigiera por un tiempo.

Le dije a Patti: "Siento que esto es lo que tengo que hacer. Si este es Dios, él se encargará de la parte del dinero".

Parecía escéptica.

"Y si no es Dios, comeremos en casa de tu mamá y tu papá durante el mes".

Estuvimos discutiendo el tema durante el resto de la noche, y luego nos fuimos a la cama sin una resolución. Al día siguiente fuimos a visitar a la hermana de Patti, Sarah, y a su esposo, Tony.

Mientras hablábamos, les hablé de estos cursos bíblicos. No dije una palabra sobre el costo o nuestra cuenta bancaria vacía.

Tony apenas me dejó terminar la frase. —Dennis —dijo—, deja que Sarah y yo te bendigamos en esto. Permítanos pagar tus cursos".

Tartamudeé algún tipo de respuesta, e el inmediatamente extendió un cheque por todos los cursos, incluido el que había pagado la noche anterior.

Patti y yo nos miramos. Estaba llorando. Me puse a llorar.

Cuando pude recuperar el aliento, dije: "Creo que Dios habló".

Diecisiete

En 2016, me convertí en un pastor acreditado.

Casi al mismo tiempo, crecí lo suficientemente saludable como para volver a mi trabajo en la construcción. Durante el día, trabajaba en la retroexcavadora, luego en las noches y los fines de semana ministraba a los hombres. Me concentré en hombres que eran como yo, los que estaban en prisión o en las garras de la adicción.

Fue abrumador. Perdí tiempo con mi esposa y mi familia. La construcción castigó mi cuerpo. Aun así, pensé que estaba haciendo lo que Dios quería de mí. Pensé que lo tenía bajo control.

Pero entonces Charley me llamó.

Conocía a Charley de los años anteriores a que fuera a prisión. Fue una de las primeras personas que conocí después de perder a mi familia. Me vendió drogas y me presentó a su equipo. Eran hombres serios y violentos.

Durante un tiempo, seguí con gusto a Charley más profundamente en el oscuro mundo de la adicción. Eventualmente, sin embargo, fue arrestado por venta y posesión de drogas. Fue a la cárcel, y luego a la prisión, y perdimos el contacto.

Una noche estaba acostado en su celda. Mientras miraba fijamente la pared de ladrillos, el Espíritu Santo lo empujó a mirarse a sí mismo con honestidad. Pensó en su vida, en lo que había hecho. Pensó en su futuro, en lo que le esperaba cuando saliera.

Todo era dolor.

Solo en su celda, hundió sus rodillas en el cemento y los codos en el catre. Allí, clamó a Dios. "Ayúdame. No sé qué hacer y necesito ayuda".

Inmediatamente, supo que no estaba solo. Jesús llego por él esa noche, y Charley fue salvo.

Unos meses más tarde, en mi propia prisión, a cien millas de distancia, un amigo me agarró del brazo.

—¿Te has enterado? Él sonrió. "Charley encontró a Jesús".

—¿Charley? ¿Qué está tratando de sacar de eso?"

Nos reímos, pero no era broma. Cuando Charley terminó su período, inmediatamente se unió a las Asambleas de Dios de New River en Red Wing.

Pasaron los años. Terminé mi tiempo en prisión. Charley y yo no teníamos contacto mientras vivía con mi padre, cuando volví a trabajar en la construcción o cuando salí con Patti.

Durante casi una década, Charley y yo no hablamos. Luego, tres días después de entregar mi vida a Cristo, me detuve en un lugar de trabajo. Empecé a prepararme para el día como cualquier otro. Detrás de mí, escuché el golpe de la puerta de una camioneta y giré sin pensar.

Era Charley, que estaba allí para instalar un sistema de rociadores.

Me levanté de un salto y me dirigí hacia él con una gran sonrisa en mi rostro. Más tarde, Charley me diría que me vio venir y pensó: "Bueno, esto va a ser muy bueno o muy malo".

Solo pasaron tres días antes de que Dios me conectara con Charley. Esto es lo que Dios hace; Él reúne a las personas para que hagan Su obra. Y después de convertirme en pastor, fue Charley quien me invitó a hablar en la conferencia de hombres en su iglesia.

No tenía ni idea de por qué alguien querría escucharme. Yo no era un predicador. Principalmente, me convertí en pastor para ministrar, individualmente, a hombres en prisión y en la oscuridad de la adicción.

Aun así, había terminado de tomar mis propias decisiones. Le dije que sí.

Charley nunca perdió el contacto con su antigua tripulación. Observaba la lista en la cárcel del condado de Goodhue y visitaba a cualquiera con quien solíamos correr. Se sentaba con estos hombres y les hablaba de un camino mejor: a través de Jesús.

Antes de la conferencia, Charley llamó a un par de estos muchachos y les dijo que deberían venir a escucharme.

Uno de ellos era mi viejo amigo Kevin (se hacía llamar Opie cuando estaba en la pandilla). Entró a la iglesia con anillos de calavera en los dedos. Los tatuajes le subían por el cuello y le cubrían la sien. Se había limpiado, pero seguía siendo un motociclista.

Comimos juntos antes de la conferencia. Cuando estábamos terminando, me miró fijamente.

"Dennis, me voy a sentar en la primera fila. Será mejor que digas las cosas como fueron o te voy a corregir".

Me reí, pero no estaba bromeando. Cuando llegué allí, dije las cosas como eran.

Pero esta fue la primera vez que conté mi historia frente a una audiencia. Había escrito todo con anticipación, pero perdí mi lugar después de solo unos minutos.

Me tropecé con una frase, unos cincuenta hombres me observaban. —Rayos —dije, y finalmente admití— Estoy perdido.

El pastor de la iglesia, el pastor Tom, gritó: "¡Tira esas notas! ¡No las necesitas!"

Tenía razón. Quité la mirada de los pedazos de papel, dije una oración en silencio y simplemente conté mi historia.

Los hombres escucharon.

Al final, no tenía intención de hacer un llamado al altar. Pero muchas veces, las intenciones de Dios son diferentes a las nuestras. Así que, sin quererlo, invité a los hombres a cerrar los ojos.

"Si sientes que el Espíritu Santo te llama a entregar tu vida a Cristo hoy, levanta tu mano".

La mano de Kevin fue la primera en levantarse.

Dieciocho

Mi ministerio nunca ha sido sobre las multitudes. Siempre se trata de uno. Y el de esa noche era Kevin.

Después de la adoración, lo encontré en la parte de atrás, bromeando con algunos de los viejos tripulantes.

Le dije: "Kevin, piensa en lo poderoso que sería si tú y yo habláramos juntos. O tú, yo y Charley.

Perdiendo la sonrisa, habló con su voz profunda. "No hablo en público".

Tuve que reírme, porque le había dicho lo mismo a Charley poco antes.

"Kevin", le dije, "piensa si alguien se nos acercara hace quince años y nos dijera: 'Algún día Dennis va a ser pastor'. ¿Qué le habríamos dicho?

Sonrió. "E; probablemente sería un montículo de tierra en algún lugar de un campo".

—Así es —dije. "Así que nunca le digas nunca a Dios".

Tú no eres Dios, ni yo tampoco. Solo podemos ver fragmentos y pedazos, pero Dios lo ve todo. Dios tiene un plan para tu vida. Y Su plan es mucho más grande que el tuyo. Te sorprenderá de maneras que no puedes imaginar.

Solo tienes que decir "¡Sí!" cuando te llame.

Todavía no hemos hablado juntos frente a una audiencia, pero Kevin ha comenzado a hablar frente a grupos, dirigiendo reuniones de AA.

Nunca digas nunca a Dios.

Dios Se Ríe

Diecinueve

Con dos niños pequeños en casa y un trabajo exigente en la construcción, el ministerio era poco más que un pasatiempo.

Hacía el viaje para visitar la prisión de Faribault un sábado, pero solo si no tenía obligaciones familiares. Me encontraba con un adicto en apuros para almorzar, pero solo si me podía escapar.

Dios seguía diciéndome que tenía más cosas que hacer, pero yo no tenía tiempo. Tenía que estar cerca de mi esposa y mis hijos, así que lo único que podía ir era el trabajo.

Mis cirugías cardíacas me obligaron a reducir la velocidad. Me bajaba de la retroexcavadora todos los días con algún tipo de dolor. Aun así, era un buen sueldo y vengo de gente práctica. No podía imaginarme diciéndole a una de mis hermanas que dejé la construcción para dedicarme al ministerio. ¿Por qué alguien elegiría pasar tiempo en una prisión, a menos que le paguen? Para mi familia, para la mayoría de la gente, simplemente no tenía sentido.

Aun así, Dios siguió empujando. Todos los días llamaba mi atención de alguna manera diferente, dejándome claro que tenía más cosas que hacer. Y todos los días tenía que volver a explicarle al Señor del Universo todas mis razones por las que no podía.

Pasaron los meses. Dios fue paciente conmigo por un tiempo, pero en algún momento tuvo suficiente.

A principios de 2017, fui a ver a mi cardiólogo para que me hiciera un ecocardiograma, que era como una ecografía de mi corazón. Después, me senté tranquilamente en su oficina. En cada dos visitas, me había dicho que mi corazón se veía bien y me había enviado en mi camino.

Esta vez frunció el ceño.

"Dennis, quiero que vayas a la universidad y te hagas una angiografía coronaria".

No sabía qué era eso, pero no sonaba divertido.

Me dijo que tenían que insertar un alambre cerca de mi ingle y llevarlo hasta mi corazón. Allí, soltaban un tinte y luego tomaban una serie de fotografías.

Me recosté en mi silla, mi mente luchaba por entender esta información. Trabajé hacia atrás: si necesitaba la prueba, entonces algo debía estar mal.

—Bueno —dije finalmente—, ¿qué está pasando?

"Parece que los injertos en los que reemplazaron las arterias alrededor del corazón se están reduciendo". Un nudo creció en mis entrañas mientras hablaba. "Es muy inusual y no sé por qué está sucediendo. Lo siento".

Llegué a trompicones a mi camioneta en medio de una neblina. Durante mucho tiempo permanecí sentado, con las manos en el volante, sin moverme.

Cuando mi aorta se partió, no tuve tiempo de pensar. No tenía que tomar decisiones. Marqué el 911 y todo sucedió a partir de ahí. Seguí adelante de un momento a otro porque si no lo hacía, moriría.

No fue fácil, pero fue simple.

Esta vez, sin embargo, el hospital no pudo programar esta prueba hasta dentro de unas semanas, así que tuve que esperar. Y mientras esperaba, tuve tiempo para pensar.

Seguí con mi vida, pero no podía quitármelo de la cabeza. No dejaba de imaginar lo peor. Estaba seguro de que la prueba mostraría que mi corazón estaba fallando y que tendrían que abrirme de nuevo. La idea me aterrorizaba. Físicamente, nunca recuperé las fuerzas de la última vez que trabajaron en mi pecho.

No sabía si podría volver a pasar por eso.

Unos días antes del procedimiento, tomé una decisión. Si la prueba mostraba que tenía que someterme a otra cirugía en el corazón, entonces, si sobrevivía, finalmente escucharía a Dios. Dejaría de trabajar en la construcción y entraría en el ministerio a tiempo completo.

Resolvería un problema. A mis hermanas, a mi mamá, a cualquiera que me mirara de reojo por dejar un buen trabajo en la construcción, podía usar mi corazón como excusa. No me alejaría de un sueldo fijo para hacer algo delicado. Me retiraría porque mi corazón ya no era lo suficientemente fuerte para manejar el trabajo.

De alguna manera, un corazón débil sonaba mejor en mi cabeza que un llamado de Dios.

Veinte

ME opuse la bata. Seguí las órdenes de la enfermera. Me quedé en silencio mientras el médico me inyectaba tinte en el corazón. Esperé los resultados.

Después, el cirujano se sentó cerca de mi cama. "Dennis", dijo, "no estoy segura de lo que vio el cardiólogo, pero creemos que tus arterias se ven increíbles".

Era la mejor noticia posible. Los injertos se mantenían. No tendría que enfrentarme a una cirugía. Debería haberme regocijado.

Pero yo estaba malhumorado.

—¿Por qué me hice esa prueba, entonces? Refunfuñé. "Costó mucho dinero".

El cirujano escuchó pacientemente.

"Bueno, Dennis, número uno, tu cardiólogo no fue el único que revisó tu electrocardiograma y tomografía computarizada. Varios médicos vieron los resultados y todos hicieron la misma recomendación. Créeme, no haríamos esta prueba sin una razón. Es invasivo y nunca sabemos cómo va a reaccionar el corazón. Los pacientes han sufrido un paro cardíaco durante este procedimiento".

Ella negó con la cabeza.

"Encontramos un problema en más del 90% de los pacientes que se someten a esta prueba. La mayoría tiene que someterse a algún tipo de cirugía de seguimiento para arreglar algo. Ustedes son la excepción. Esta es una gran noticia. Tus arterias se ven increíbles. Estás listo para irte".

Le di las gracias y luego miré al techo después de que se fue. Algo se estaba moviendo en mi mente y quería averiguarlo antes de moverme de esa habitación del hospital. A veces puedo aprender lentamente y me tomó un tiempo antes de que finalmente me diera cuenta. Cuando lo hizo, me eché a reír.

"Está bien, Dios", oré, "Está bien. Lo entiendo".

Sucede a lo largo de toda la Biblia. Con Moisés, era una zarza en llamas que se negaba a extinguirse (Éxodo 3). Con Pedro, era una red tan llena de peces que apenas podían meterlos en la barca (Lucas 5). En el caso de Abraham y Sara, fue un embarazo para una mujer décadas después de sus años fértiles (Génesis 18).

A Dios le encanta sorprender a los que le siguen.

Nunca me compararía con los héroes de la Biblia, pero sigue siendo el mismo Dios el que sigue actuando en nuestras vidas. El Espíritu Santo se está moviendo a través de este mundo, levantando a los seguidores de Jesús y llamándolos al servicio.

Dios me dijo que entrara en el ministerio, pero yo no lo escuché. Afortunadamente, no me tragó en un pez, pero sí me llamó la atención con una angiografía.

Incluso después de eso, Dios no quería que usara alguna condición médica como excusa. Se aseguró de que mi corazón estuviera bien, para que tuviera que ser honesto al respecto, con mi familia, mis amigos y conmigo mismo.

Recibí el mensaje y, antes de salir del hospital, tomé mi decisión.

Iba a renunciar a un trabajo bueno y bien remunerado. No me iba a retirar. No me iba porque tuviera mal corazón. No, solo tenía una razón.

Necesitaba seguir a Jesús.

Veintiuno

Dios me dejó claro lo que tenía que hacer, pero desafortunadamente no se lo dijo a mi esposa. Ese trabajo me lo dejó a mí.

Era invierno; mi empresa nos despidió por la temporada, así que lo pospuse diciéndome a mí mismo que tenía mucho tiempo. Además, no tenía ni idea de por dónde empezar. No sabía nada sobre cómo dirigir un ministerio, ni sobre cómo recaudar fondos, ni sobre cómo crear una organización sin fines de lucro. Ninguna de esas habilidades era necesaria para operar una retroexcavadora.

Anduve deprimido por la casa durante unos días hasta que nuestra amiga, Amy, llamó a la puerta de mi casa. Apenas me dejó saludarme antes de irrumpir en mi casa.

Empezó a hablar tan rápido que apenas pude seguirle el ritmo. El domingo, me dijo, tuvieron una feria ministerial en su iglesia. Todo tipo de personas tenían puestos llenos de información sobre lo que estaban haciendo para Dios.

Había caminado por ahí, inspirada por todo el buen trabajo que se estaba haciendo. Pero un puesto en particular le llamó la atención. Breakthrough Ministries, (Ministerios Innovadores) dijo. Estaban haciendo un trabajo increíble con la población sin hogar en las Ciudades Gemelas.

Dave, el director ejecutivo de Breakthrough Ministries, se sentó detrás de la mesa. Tenía un carisma fácil y una pasión por su trabajo. Después de compartir con ella sobre su propio ministerio, Dave dijo que estaba buscando otros ministerios para levantar bajo su cobertura.

Mi nombre apareció inmediatamente en su cabeza, pero lo descartó. Todavía no le había contado a nadie mis planes. Por lo que Amy sabía, yo iba a trabajar en la construcción por el resto de mi vida.

Amy pasó a los otros puestos, pero durante el resto del día y durante la semana, mi nombre y el de Dave seguían apareciendo en su cabeza.

Breakthrough Ministries tiene una oficina no muy lejos del trabajo de Amy. Finalmente, en camino a casa una tarde, Amy tomó un desvío. Ella no lo entendía, pero pensó que ayudaría si pudiera volver a hablar con Dave.

Se alegró de verla. Estaba feliz de hablar de su ministerio. Mientras estaba sentada allí, era como si Dios le estuviera gritando al oído.

Una hora más tarde estaba en mi sala.

"Dennis, tienes que ir a hablar con este tipo".

Después de escuchar su historia, tuve que reírme. Dios no estaba jugando. Claramente, no podía posponer esto más de lo que ya lo había hecho. Al día siguiente, visité la oficina de Dave. Se iluminó cuando le expliqué el llamado del Espíritu a mi vida.

Me dijo que quería levantar otros ministerios y que le encantaría ayudarme a poner en marcha el mío bajo su cobertura. También quería comenzar un programa de tutoría junto con su ministerio de personas sin hogar y pensó que yo sería una buena opción.

Me fui asombrado de cómo obra Dios. Unos días antes, sabía que Él quería que entrara en el ministerio a tiempo completo, pero no tenía idea de cómo empezar. Bueno, en una conversación, Dios lo dejó bastante claro.

Solo quedaba una cosa por hacer.

Tuve que ir a casa y decírselo a mi esposa.

Veintidós

MI esposa no es una tonta. Tan pronto como le pedí que se sentara, me dirigió una mirada cómplice.

"Patti", comencé, "tengo algunas preguntas para ti".

Ella levantó una ceja. "Está bien."

"¿Crees que soy un hombre de Dios que hace lo mejor que puedo?"

—Sí —dijo ella—.

"¿Crees que los hombres son mi ministerio? Hombres que están quebrados. ¿Hombres que están luchando como yo lo hice una vez?"

—Sí —dijo ella—. "Absolutamente. Tu historia lo requiere".

La miré y le dije: "Entonces, solo tengo una pregunta más".

Me detuvo. "Dennis, ¿qué hay de tu trabajo? Necesitamos los ingresos. ¿Y los chicos? Sus actividades... Y seguros. Con las cosas de tu corazón..." Continuó, y cada una de sus preocupaciones era más válida que la anterior.

Escuché lo que tenía que decir. Tenía toda la razón. No tenía idea de dónde vendría el dinero, pero siempre me he sentido más cómodo resolviendo las cosas como vengan, volando por el asiento de mis pantalones como dicen los aviadores. Patti se sentía más cómoda teniendo un plan estable. Necesitaba seguridad.

Aun así, sentí que Dios me llamaba a esto. Pensé que mientras estuviera respirando, de alguna manera tendríamos comida para comer.

La dejé terminar. Sólo cuando no se le ocurrió ninguna otra objeción que añadir a la lista, hablé.

"Bueno, Patti..." Le di mi sonrisa más encantadora. "Todavía no hecho mi pregunta".

Suspiró.

"¿Confiamos en Dios?"

"Por supuesto, pero..." y pude ver que se estaba acelerando de nuevo.

"Vaya, vaya", dije. "Es una pregunta simple. Sí o no. No 'Sí, pero...' o 'Sí, cuando...' No hay áreas grises cuando se trata de confiar en Dios. O lo hacemos o no lo hacemos".

Estudió el suelo durante unos largos minutos. Luego levantó la cabeza y me miró directamente a los ojos.

—Sí —dijo ella—. "Sí, lo hacemos".

"Patti, quiero dejar mi trabajo y comenzar el ministerio a tiempo completo".

No pudo evitar reírse conmigo.

– Muy bien, Dennis -dijo ella-. "Adelante".

No sabíamos lo que nos viniera el día siguiente. No sabíamos cómo reaccionaría mi familia. No sabíamos cómo íbamos a pagar nuestras facturas.

Todo lo que sabíamos es que el Dios que me habló en el restaurante cuando mi cuñado preguntó por mi alma es el mismo Dios que me llenó de su paz en los minutos antes de que me abrieran el pecho, es el mismo Dios que equipó a sus siervos a lo largo de las Escrituras y la historia, y es el mismo

Dios que caminaría con nosotros mañana y en cada paso del camino.

Dios me había llamado a llevar su luz a la oscuridad de las prisiones y la adicción a las drogas. Sabía que, si seguía su llamado, podía confiar en Él para que cuidara de mi familia, mis finanzas y todo lo demás.

Ha sido aterrador y emocionante. El camino no ha sido fácil. Hemos tropezado en el camino.

Pero Dios ha sido fiel en cada paso.

Unas semanas después de nuestra conversación, llamé a mi jefe y le dije que no volvería en la primavera.

Teníamos menos de trescientos dólares en el banco cuando entré en el ministerio de tiempo completo.

Han pasado tres años desde aquel día.

Nunca hemos dejado de pagar ni una sola factura.

Dios Busca

Veintitrés

BREAKTHROUGH Ministries fue genial para mí. Dave me dio una oficina. Me ofreció una sala de conferencias donde podía ser mentor de hombres.

Empecé a trabajar tan pronto como pude. Hice mis visitas a la cárcel. Almorzaba con hombres. Empecé a recaudar algunos fondos. Mi oficina incluso tenía una ventana por la que podía mirar y tener pensamientos profundos.

Una de las primeras veces que nos conocimos, Dave me sentó en su oficina y oró por mí. Le pidió a Jesús que le diera un nombre para mi ministerio. Mientras oraba, dos palabras hicieron a un lado cualquier otro pensamiento en mi cabeza.

"Con todo", le dije cuando terminó de orar. "Dios me está llamando a All In Ministries – Ministerio Con Todo".

Jesús había dejado claro desde el principio lo que Él quería que yo hiciera: trabajar individualmente con hombres quebrantados, y ayudarlos a sanar. Él quería que yo encontrara a esos hombres en la oscuridad y los guiara hacia la luz.

Iba bien, pero Dave comprensiblemente quería que yo fuera parte de Breakthrough. Quería que lo acompañara a las reuniones. Un par de noches a la semana me tenía sirviendo en el refugio.

En esos primeros meses con Dave, empecé a tener un nudo en mi espíritu. Tengo un profundo respeto por el ministerio de Dave, pero sentí que mi ministerio a los hombres en prisión y al mundo de la adicción estaba siendo dejado al lado, y Breakthrough estaba tomando el control.

Una mañana me puse de rodillas. Apoyé los codos en la otomana y cerré los ojos. "Dios, estoy buscando servirte, aquí. ¿Qué quieres que haga?"

Dios no podría haber sido más claro. "Ya te lo dije", dijo.

Dios había llamado a Dave a Breakthrough Ministries, y él estaba haciendo un gran trabajo, pero Dios me estaba llamando a algo diferente.

Hablé con Dave más tarde esa mañana. Le agradecí su ayuda, pero le expliqué que tenía que irme.

Me preocupaba que fuera un camino difícil. Tendría que conseguir una junta directiva y contratar a un abogado para solicitar un 501c3 y empezar a contactar donantes. Era mucho trabajo para comenzar mi propio ministerio.

Pero Dios me bendijo. Puso a las personas adecuadas frente a mí justo cuando las necesitaba. En cuatro semanas, estaba listo para partir.

A partir de ese momento, he podido dedicar cada día a hacer el trabajo que Dios me llamó a hacer.

Salgo a buscar al que está en la oscuridad.

Y trato de llevarlo a la luz.

Veinticuatro

La puerta se cerró de golpe detrás de mí. En algún lugar, un guardia me miró a través de una cámara. Estaba en un pasillo estrecho llamado Sally-port. No circulaba aire y olí el sudor de los innumerables hombres que habían estado allí delante de mí. Mis bolsillos estaban vacíos, tuve que renunciar a todo, excepto a la cruz que colgaba de mi cuello.

Finalmente, la puerta sonó y entré en la sala de visitas. Era un espacio grande con filas de sillas de plástico duro una frente a la otra, cada fila a unos tres o cuatro pies de distancia. Esposas, padres e hijos se sentaban dispersos, hablando con sus seres queridos y llenando la habitación de charlas.

El hombre que estaba visitando esperaba en el lugar designado: un cuadro de alfombra vigilado por guardias donde los visitantes y los reclusos podían tener un breve contacto. Lo agarré para darle un rápido abrazo y nos sentamos.

Este hombre siempre era una visita difícil, y durante una hora permaneció sentado, mirándose las manos. En su mayoría dio respuestas de una sola palabra a cada una de mis preguntas. Llené el silencio entre nosotros con palabrería vacía.

Fue agotador.

Su madre se había puesto en contacto conmigo después de que sufriera una sobredosis antes de ir a prisión. La primera vez que aparecí, pasó una hora tratando de convencerme de que era inocente.

"No soy juez. Yo no soy el jurado", le dije. "Pero prefiero que no me mientas".

Traté de mirarlo a los ojos, traté de que me escuchara.

"Estoy aquí como pastor", le dije, "porque Jesús te quiere en el cielo como a cualquier otra persona. Por eso estoy aquí".

Casi siempre salgo de esa visita sintiéndome agotado. No importa cuántas veces haga el viaje, no importa lo que diga o lo mucho que rece, su mundo, su espíritu, su futuro parece tan oscuro como si yo no hubiera aparecido en absoluto.

Aun así, dentro de unas semanas entregaré mis llaves y mi cartera, y volveré a estar en el Sally-port. Respiraré el aire viciado y experimentaré una escena retrospectiva incómoda. En 2006, salí de la cárcel como un hombre libre. Mientras mi papá me llevaba, juré que nunca volvería.

Es una señal del sentido del humor de Dios que me siga enviando de regreso.

Pero eso es lo que hago. Volveré a sentarme con el recluso y haré todo lo posible para ofrecerle esperanza.

Y no importa lo agotado que me sienta cuando me vaya, volveré unas semanas después de eso... y una y otra vez. Solo me detendré si él me lo pide específicamente.

Sigo apareciendo porque yo mismo he estado en esa oscuridad.

Sé lo que se siente.

Este ministerio no es fácil. No hay muchos puntos altos, pero este es el trabajo que Dios me ha llamado a hacer. Que me presente en la prisión. Que me presente en el centro de reinserción social. Que me presente en el restaurante y me siente con el hombre que lucha en la oscuridad. Y que haga brillar la luz de Cristo en su vida.

Veinticinco

La conferencia Avance de los Hombres en el Centro Cristiano Lake Geneva en Alexandria, Minnesota, es un gran evento. Siempre me gustó.

Pero pusieron mi mesa justo al lado de Vincent Miller.

Vincent Miller es un hombre increíble. Ha escrito diez libros. Inició el Programa Resolute. Llenó su mesa con sombreros, folletos coloridos y cosas geniales.

Al lado de la suya, mi mesa parecía desnuda.

A lo largo de la mañana, los hombres se detenían cada otro minuto para hablar con él. Estos eran hombres cristianos buenos y honestos, así que la mayoría de ellos no se detuvieron en mi mesa. No buscaban liberarse de la adicción ni a alguien que los visitara en la cárcel.

Seré honesto, mientras pasaban las horas, me daba envidia. Una vez más, amo a Vince. Siempre me anima y me ofrece grandes ideas. Pero él estaba recibiendo toda la acción. Incluso yo tenía un tazón de dulces, pero la gente probaba mis dulces y volvía a hablar con Vince. Traté de decirles: "Oye, esa es mi carnada". Pero bien podría haber estado hablando con los peces por la forma en que escucharon.

Era casi la hora de la primera presentación. Mi suministro

de dulces estaba disminuyendo, junto con mis esperanzas. Casi había decidido que este sería mi último año comprando una mesa para la conferencia cuando vi a un hombre entrar por la puerta principal.

Me costó echarle un segundo vistazo, pero lo reconocí. Se llamaba Steve y habíamos pasado tiempo juntos. La última vez que lo había visto, había ocupado la litera de abajo en el anexo de la prisión estatal de Saint Cloud.

Steve era la última persona que esperaba que entrara por esa puerta. Se fijó en mí unos tres segundos después de que lo vi, y se apresuró a acercarse con una gran sonrisa en su rostro. Nos abrazamos. Me dijo que había salido de la cárcel tres días antes, después de un período de dieciocho años. Inmediatamente se me saltaron las lágrimas.

Le mostré mi mesa y le conté acerca de mi ministerio. Se quedó asombrado. No dejaba de mirarme, sacudiendo la cabeza. No podía creer lo mucho que había cambiado.

—Dennis —dijo—, no iba a venir aquí. Todo el camino estoy pensando sobre "¿qué estoy haciendo?"

Un hombre a quien no conocía se detuvo en su centro de rehabilitación e invitó a todos a la conferencia. Steve no estaba seguro de qué lo había llevado a hacerlo, pero una hora más tarde estaba en su coche. Mientras conducía por la carretera, no dejaba de pensar: "¿Qué estoy haciendo? Ni siquiera soy cristiano". Pensó que no conocería a una sola persona. Más de una vez se acercó a una salida y casi se convenció a sí mismo de dar la vuelta.

Habían más de 700 personas en esa conferencia. Steve entró como un extraño, sintiéndose intensamente que no pertenecía ahí.

La primera persona que vio fue a mí.

Como dije antes: Dios une a las personas. Hace conexiones que nunca esperaríamos o imaginaríamos.

Pero se pone aún mejor.

La primera presentación estaba comenzando, así que Steve siguió adelante sin mí y encontró un asiento vacío en el auditorio. La multitud se llenó a su alrededor. Después de un par de minutos, un hombre se sentó en la silla vacía a su izquierda. Steve miró hacia arriba y se sorprendió. Era un hombre con el que había cumplido condena doce años antes.

El Espíritu Santo había impulsado a Steve a ir a esta conferencia y había discutido todo el camino, quejándose ante Dios de que no conocería a nadie. Luego, las dos primeras personas con las que Steve se encontró eran tipos que conocía de la prisión. Y ambos habían dado un giro a sus vidas.

Esto es lo que Dios hace.

Pero se pone aún mejor.

A la hora del almuerzo, comenzó a charlar con alguien que resultó ser el hermano de un hombre que fue mentor de Steve durante su tiempo entre períodos en prisión. Mientras comían sus sándwiches, este hombre le ofreció un trabajo.

En esa conferencia fue casi injusto. Jesús junto a Steve con viejos amigos y una oferta de trabajo. Jesús hizo llorar al hombre.

Steve tuvo un encuentro profundo con el Espíritu Santo. Lo bueno de Dios es que yo también lo hice.

Me había dejado desanimar. Me senté mirando mi mesa desnuda con sus dulces que desaparecían y sentí lástima por mí mismo.

Lo que Dios hizo por Steve fue un recordatorio. No me convertí en pastor para ganar un gran número de seguidores. Estuve en esa conferencia por una persona: Steve.

Es bueno que tengamos predicadores que puedan conectarse con estadios llenos de gente, pero ese no es mi ministerio. Dios no me llamó a predicar a las multitudes.

Estoy llamado a ayudar al uno.

Dios Perdona

Veintiséis

Jorge creció en pandillas. Cuando era un adulto joven, abrazó la vida y finalmente lo llevó a veinte años de prisión. Pero después de salir, entregó su vida a Cristo.

Su fe le dio esperanza, pero aun así luchó. Como sucedía a menudo, alguien de su iglesia me conocía y pensó que sería bueno que nos conectáramos.

Nos reunimos para almorzar en TGIFridays. Nuestro servidor tomó nuestra orden con una gran sonrisa y un exceso de energía. Por lo contrario, Jorge actuó como si fuera un esfuerzo levantar la cabeza.

Saqué mi Biblia y, por una corazonada, leí Mateo 18, donde Pedro pregunta: "Señor, ¿cuántas veces perdonaré a mi hermano o hermana que peca contra mí? ¿Hasta siete veces?

Jesús responde: "No te digo hasta siete, sino aun hasta setenta veces siete. (Mateo 18:21-22)"

Jorge finalmente me miró.

– Dennis -dijo-. "Entiendo que necesito perdonar a los demás, y puedo hacerlo muy bien. Pero..." Se detuvo para frotarse la parte superior de la cabeza. "Pero me está costando mucho perdonarme a mí mismo".

Me llamaban Otto-matic en la cárcel. Era un juego de palabras con mi apellido, pero también porque si te metías conmigo, era automático: Vendría por ti y no paraba hasta que se terminaba.

Y sonreía cuando lo hacía.

A los pocos meses de haber pasado mi mandato, me trasladaron de Hastings a St. Cloud, donde mi nuevo compañero de celda era un joven moreno. Durante la primera semana no nos dijimos ni una palabra. Estábamos encerrados, así que pasábamos veintitrés horas de cada día encerrados juntos en una celda diminuta, fingiendo que el otro no existía.

Una mañana fui a ducharme. Cuando regresé, encontré a mi compañero esperando. Se había quitado la camisa, se había atado bien los zapatos y estaba bailando.

"Te voy a golpear, viejo".

No me sorprendió. Yo no había sido un recluso modelo en Hastings. Era una persona muy racista y no dejaba de pelearme con los miembros de las pandillas de morenos. Mis acciones me habían seguido claramente. Este chico quería vengar a sus amigos.

No estaba interesado en pagar.

Era una cárcel de la vieja escuela, tres pisos de celda tras celda, cerrada con barrotes. Me quedé en el pasillo, viéndolo bailar durante unos segundos. Podría haberme marchado o llamar a un guardia, pero ninguna de esas opciones se me pasó por la cabeza.

Yo era Ottomático.

"¡Vamos, viejo!"

Entré en la celda y cerré la puerta detrás de mí hasta que se cerró. Ahora ninguno de los dos podía salir. Dejé que el joven hiciera el primer movimiento, pero yo hice el segundo.

La pelea no duró mucho. Había mucha sangre.

El punto es: lo disfruté. Pelear me dio una oleada de adrenalina y una liberación momentánea de mi propio dolor. Ottomatic era lo que yo era.

Después de eso, solo empeoró. Busqué la violencia dondequiera que pudiera encontrarla. Llegué al punto de que un amigo tuvo que apartarme. Me miró fijamente hasta que estuvo seguro de que lo estaba escuchando. Este hombre, que era un sicario de la mafia mexicana, me dijo que tenía que sentar cabeza. La violencia y la muerte eran su medio de vida, pero después de observar mi comportamiento, le preocupaba que estuviera perdiendo el control.

Sentado en el TGIFriday con Jorge casi diez años después, entendí exactamente lo que estaba diciendo. Al igual que él, yo había entregado mi vida a Cristo, pero estaba -y sigo estando- obsesionado por las cosas que había hecho. Había pasado muchas noches mirando las grietas del techo y haciéndome la misma pregunta.

¿Cómo me perdono a mí mismo?

No vendrían respuestas. No tenía nada resuelto.

Yo estaba tan perdido como Jorge, así que me quedé mirándolo sin saber qué decir. Podría haber terminado ahí, excepto que no estábamos solo nosotros dos en esa mesa.

"Me está costando mucho perdonarme a mí mismo", dijo Jorge.

Yo no tenía nada, pero el Espíritu Santo estaba con nosotros. Y Él habló a través de mí.

—Entonces no lo hagas.

Jorge me miró, perplejo. —¿Qué diablos significa eso?

Apoyé mi mano sobre la Biblia. "Muéstrame aquí donde Jesús dice que te perdones a ti mismo. No puedes, porque Él nunca lo dice".

Sus ojos se abrieron de par en par. —¿Eres de verdad?

Asentí con la cabeza. "¿Sabes por qué nunca lo dice? Porque ese es su trabajo. Jesús perdona. Tienes que quitarte de en medio y dejar que haga su trabajo".

Permaneció callado durante un largo momento. Entonces él dijo: "¿Está seguro de que eso no está en la Biblia?"

En ese momento tuve que reírme. "Sabes, Jorge, se me ocurrió cuando lo dije. Honestamente, espero que haya sido el Espíritu Santo porque no estoy muy seguro".

Sonrió, pero me di cuenta de que lo estaba pensando mucho.

Una semana después, nos volvimos a encontrar para almorzar y él irrumpió en el restaurante.

– Dennis -dijo-. Sus ojos eran más brillantes y sus palabras llegaron más rápido que la semana anterior. "Miré por todos lados. Pongo las palabras en la concordancia. Lo busqué en Google. Tenías razón. Jesús nunca dijo que te perdonaras a ti mismo".

Por supuesto, me encogí de hombros y me recosté en mi silla. Actuando muy inteligentemente, le dije: "Te lo dije la semana pasada".

Nos reímos, pero sabíamos que era el Espíritu Santo. Jesús había hablado a través de mí para decirle a Jorge algo que ambos necesitábamos escuchar.

En Mateo 18, después de que Jesús le dice a Pedro que perdone setenta veces siete, cuenta una parábola sobre un rey que quería ajustar sus cuentas. El rey llama a un sirviente que debe mucho oro, miles de bolsas. Serían millones, tal vez miles de millones, de dólares hoy, una cantidad imposible de dinero. El sirviente no puede pagarlo, por lo que el rey ordena que él, su esposa y sus hijos sean vendidos como esclavos.

Al oír esto, el sirviente cae de rodillas y le ruega al rey que le dé más tiempo.

El rey tiene piedad. Él no solo le da al hombre una extensión, sino que cancela la deuda total (Mateo 18:23-27).

Jorge y yo, y los que somos como nosotros, también teníamos una deuda imposible debido a nuestro pasado. Robamos. Vendíamos drogas. Le hacemos daño a la gente.

No éramos buenos chicos.

No hay forma de que podamos compensar lo que hemos hecho. Es demasiado para nosotros pagarlo.

En la parábola, el siervo no solucionó el problema por sí mismo. No anduvo por ahí recogiendo fondos. No, fue al rey en busca de misericordia.

Y el rey le perdonó la deuda.

Nosotros tenemos que hacer lo mismo. No podemos perdonarnos a nosotros mismos. La deuda es demasiado elevada.

Tenemos que ir al Rey. El perdonar es trabajo de Jesús.

Unos días después de hablar con Jorge, me senté con mi amigo George Fraser. Tiene un programa de radio en Minneapolis llamado Real Recovery Radio en el que habla abiertamente sobre su lucha contra la adicción.

Después de que le dije lo que le dije a Jorge, George se quedó callado. Entonces me dijo: "No tienes ni idea de lo que acabas de hacer, ¿verdad?"

Negué con la cabeza. Era nuevo en ser pastor y me preocupaba haber dicho algo incorrecto o haber entendido mal las Escrituras.

"He estado luchando con esto durante años", dijo George. "Necesitaba escuchar eso".

Si eres como Jorge, George o yo, entonces también tienes que escucharlo. No puedes perdonarte a ti mismo. No es posible y no es bíblico. Así que quítate del camino y deja que Jesús haga su trabajo.

Veintisiete

Sé he sido perdonado, pero a veces, cuando pienso en lo que he hecho, parece una locura que Dios quiera que sea pastor. Tiene que haber gente mejor, gente con currículos más limpios.

Pero Dios nunca ha obrado de esa manera.

En Hechos 9, un hombre llamado Saulo viajaba hacia Damasco para matar cristianos. No era el hombre que tiraba las piedras. No le gustaba ensuciarse las manos. En lugar de eso, iba a pararse en la parte de atrás y enfurecer a la multitud para que cometiera un asesinato.

Pero antes de que Saulo pudiera llegar allí, Jesús lo cegó en el camino y lo arrojó de su caballo.

—Saulo, Saulo —dijo Jesús—. "¿Por qué me persigues?"

Saulo se arrepintió y entregó su vida a Cristo. Y entonces ocurrió un segundo milagro. Saulo, que ahora se hacía llamar Pablo, se convirtió en predicador. Comenzó a viajar de ciudad en ciudad, predicando acerca de Jesús a cualquiera que quisiera escucharlo.

Este hombre, que había perseguido a los cristianos durante años, se convirtió en el evangelista más grande que el mundo ha conocido.

Y así es como Dios obra. Él toma a las personas quebrantadas y las usa para su gloria. Él llama a los no calificados y los guía con su Espíritu Santo para que hagan su obra.

Años antes de ir a prisión, antes de convertirme en cocinero de metanfetamina, antes de perder a mi familia, antes de mi divorcio, pasé por un momento en el que pensé que tenía la vida resuelta. Tenía un buen trabajo. Tenía una casa en un pequeño pueblo con mi primera esposa. Yo era capitán en el departamento de bomberos. Era respetado en la comunidad.

También cultivaba marihuana en mi sótano y consumía drogas los fines de semana, pero no pensaba mucho en nada de eso. No parecía grave. Pensé que era un buen tipo, que solo me divertía un poco.

Una tarde estaba podando mis plantas en maceta en el sótano, arrancando las hojas para que brotaran. Escuché que llamaban a la puerta, así que subí las escaleras y encontré a dos hombres mayores de la ciudad en el escalón de mi casa. Preguntaron si podían entrar.

Nos sentamos en la mesa de mi cocina. Después de una pequeña charla, me contaron cómo se dirigía la ciudad. Un par de familias tomaron la mayoría de las decisiones. Teníamos miembros que habían estado en el consejo durante treinta años.

"Necesitamos sangre nueva por aquí", dijo uno de ellos. "Necesitamos a alguien que no esté relacionado con todo el mundo, y alguien que diga lo que piensa". Me señaló. "Necesitamos a alguien como tú".

Me recosté en mi silla, asintiendo con la cabeza. Mi corazón se llenó de orgullo y pensé, *sí, esta ciudad necesita un concejal como yo*. Luego raspé un poco de resina de marihuana de mis dedos.

Pensé que era un buen tipo. Pensé que estaba listo para el liderazgo. No solo me postulé para el concejo municipal, sino que eventualmente me convertiría en alcalde durante dos períodos. Esos dos hombres mayores miraron la vida que le mostré al mundo y me eligieron para el liderazgo. Mi vida estaba podrida en el centro, pero las cosas externas me hacían pensar que estaba calificado.

Si Dios llamara a las personas al ministerio de la misma manera, entonces todavía estaría trabajando en la construcción. Pero Dios mira el corazón.

En estos días, sé que no estoy calificado. Sé que estoy destrozado. Sé que estoy tan, si no peor que el de al lado. Soy la última persona a la que Jesús debería llamar para ser pastor.

Pero también sé que no es mi trabajo decidir quién va al ministerio. Ese es el trabajo de Dios.

Sé las cosas que he hecho y nunca me las perdonaré. Pero no es mi trabajo perdonarme a mí mismo. Ese es el trabajo de Dios.

El apóstol Pablo nunca fue adicto a la metanfetamina, pero antes de que Jesús lo derribara de su caballo, probablemente era adicto al poder. Parecía tener sed de violencia. Ciertamente fue el último hombre que una persona habría escogido para ser un predicador cristiano.

Pero Jesús lo perdonó.

Y Jesús lo escogió.

Y Jesús lo hizo excepcionalmente calificado para hacer la obra a la que había sido llamado.

No soy Pablo, pero me he dado cuenta de que estoy excepcionalmente calificado para la obra que el Espíritu Santo me ha llamado a hacer.

Dios me ha enviado para llevar la luz de Jesús al mundo

oscuro de la prisión y la adicción. Estos hombres están dispuestos a escucharme porque sé lo que se siente. Sé cómo se sienten. Sé lo que piensan cuando se van a la cama por la noche.

Soy brutalmente honesto con ellos. A menudo digo: "No soy panadero. No endulzo nada". Les digo la dura verdad, pero lo hago sin juzgar, porque sé que estoy tan destrozada como ellos. Sé que me han perdonado una deuda igual de grande.

Incluso cuando recaen, no los juzgo. Es difícil escapar del mundo de la adicción. Muchos de los hombres se alejan, pero cuando lo hacen, saben que mi puerta siempre está abierta. Saben que pueden volver en cualquier momento.

Porque yo he estado allí.

Cuando regresan, todo lo que les digo es que sigan hacia adelante. A medida que regresen a la sobriedad, deben aprender de la experiencia. Su recaída no ocurrió en una hora o un día. No, lo habían estado planeando durante mucho tiempo.

Les pido que miren hacia atrás en los últimos meses y averigüen dónde comenzó. ¿Qué estaba pasando en su vida? ¿Qué estaban sintiendo en su corazón? ¿Qué pasaba por su cabeza? Quiero que aprendan para que la próxima vez que experimenten estos sentimientos y pensamientos, puedan hacer ajustes.

Sigan hacia adelante. La recaída es una experiencia de aprendizaje, no una experiencia de condenación.

Lo sé porque lo he vivido. Yo puedo ministrar a estos hombres porque he estado donde ellos están.

He estado en la misma oscuridad.

Ahora, por la gracia de Dios, Él me está usando para difundir la luz.

En 1 Timoteo 1:15, el apóstol Pablo escribe: "He aquí una

palabra fidedigna que merece plena aceptación: Cristo Jesús vino al mundo para salvar a los pecadores, de los cuales yo soy el peor".

Pablo se llamó a sí mismo el peor de todos los pecadores, pero Dios perdonó a Pablo y lo usó para difundir el evangelio por todo el mundo.

No hay pecado demasiado grande. No hay pasado demasiado feo. No hay nadie demasiado roto. Puede que no seas capaz de perdonarte a ti mismo, pero Dios sí puede, y lo hará.

Pero ten cuidado. Después de eso, Él te pondrá a trabajar.

Dios Libera

Veintiocho

Después de unas semanas de clase, Chris comenzó a involucrarse. Se inclinaba hacia adelante en su silla para ver los videos. Él sería el primero en hablar durante la discusión.

Una semana, sin embargo, un par de chicos de su pandilla aparecieron en prisión. Estaban separados en diferentes grupos, así que decidí usar mi clase, La Autentica Masculinidad 33 Series, como lugar de contacto.

Los primeros cinco minutos estuvieron bien. Los dejé hablar mientras caminaba por la habitación, saludando a los hombres y estrechándoles la mano.

Al final dije: "Está bien, chicos, es hora del DVD". La mayoría de las noches todos se callaban. Pero Chris y su equipo seguían hablando.

Respiré hondo, traté de tranquilizarme, pero pude sentir un toque del viejo Otto-matic subiendo a mi pecho.

Con calma, subí el volumen del televisor. En la pantalla, la barra de sonido subía y subía, pero solo se hacía más fuerte con ella.

Mis músculos se tensaron. Apreté los puños. Finalmente, lo perdí. "¡Oye!" Ladre. "¡Mantenlo abajo! Estás siendo muy irrespetuoso."

No fue tanto lo que dije como cómo lo dije. Por un momento estuve listo para tirarme con los tres.

Pero se callaron, y yo me senté, más enojado conmigo mismo que con nadie. Había estado trabajando en mi temperamento y me había frustrado haberlo perdido de nuevo. Cuando llegó el momento de la discusión, Chris participó, pero sus nuevos amigos se sentaron en silencio. Se echaron hacia atrás, con los brazos cruzados, mirándome fijamente.

Hizo que el resto de la clase se pusiera tensa. Sabía que, si uno de ellos venía hacia mí, los otros dos, incluido Chris seguiría. Las cosas se pondrían feas para todos.

Pero la discusión terminó y no había pasado nada. Los tres hombres se fueron sin ningún problema.

A la semana siguiente, Chris regresó solo.

Después de saludarlo, le pregunté: "¿Dónde están tus amigos?"

Otro hombre detrás de mí gritó: "Gritaste la semana pasada y los asustaste".

"Sobre eso..." Negué con la cabeza. "No debería haber perdido los estribos".

Chris dijo: "Dennis, no lo pienses dos veces. Tan pronto como hablaste, supe que estábamos equivocados".

Lo aprecié. Pero cuando la clase se reunió, sentí que tenía que decir algo.

"Escucha", le dije, "sé por experiencia que nadie tiene garantizado el próximo aliento. Hace un par de años se me reventó la aorta cuando me estaba poniendo los calcetines. Esto podría ser todo. Esta hora próxima. Este momento. Esta noche, cualquiera de ustedes podría estar caminando de regreso a su cápsula y caer muerto".

Tenía su atención.

"Aquí mismo podría ser la única oportunidad que tienes de conocer a Jesús. Tu única oportunidad de entregar tu vida a Jesús. Y si no lo haces, porque un par de chicos tienen que ponerse al día..."

Negué con la cabeza.

"No puedo permitir que eso suceda. Porque esto es de vida o muerte. Realmente lo es. Ahora, debería haberlo hecho sin enojo. Eso es culpa mía, y lo siento. Pero lo que estamos haciendo aquí es de vida o muerte".

Veintinueve

Muchos de los reclusos que asisten a mi clase no conocen a sus padres, por lo que no tienen buenos modelos de lo que significa ser un hombre.

¿Cuándo te conviertes en hombre? ¿Después de tu primera cerveza? ¿Tu primer cigarrillo? ¿La primera vez que tienes relaciones sexuales?

No lo sabemos, les digo. No hay manual.

Excepto, por supuesto, que la hay. La Biblia fue escrita hace miles de años, pero sigue siendo la mejor guía de lo que significa ser un hombre. Llevo a la clase a través de las Escrituras y hablamos de esas cosas. Hablamos de padres e hijos. Hablamos de trabajo y respeto. Hablamos de cómo vivir como hombres en un mundo difícil. No empiezo con todas las respuestas, pero lo resolvemos juntos, con todo centrado en Jesús.

Esos hombres aparecen sin mucha esperanza. La mayoría de ellos han hecho cosas malas para estar allí. Muchos de ellos tienen meses, incluso años de prisión por delante. Es un camino difícil, pero sé que pueden ser los hombres para los que Dios los creó. Es la razón por la que me presento todas las semanas: creo que pueden cambiar.

Sé que es posible porque he estado exactamente dónde están esos hombres. Me senté en mi propia celda, pensando que era duro e inteligente, pensando que no necesitaba a nadie. Pensé que solo los débiles y los necios se volverían a Jesús.

Caminaba por un camino oscuro. Y no terminó ni siquiera cuando me liberaron de la cárcel. Simplemente traje la oscuridad conmigo. Mi relación con mi padre ayudó, pero todavía estaba atrapado en esa vieja forma de pensar. Seguí por un camino que sólo conducía a la muerte.

Seis meses después de ser salvo, me bauticé. El pastor Anthony me sumergió bajo el agua. Cuando me acerqué, me miró fijamente.

– Dennis, ese hombre viejo está muerto.

Me estrechó la mano, me dio un abrazo y me lo dijo de nuevo. "Ese hombre está muerto".

Jesús me cambió. Había estado muerto, pero ahora estoy vivo.

Realmente creo que los hombres que vienen a mi clase pueden tener una nueva vida como la mía.

Dios ha sido bueno conmigo. Desde que dejé mi trabajo por uno que recauda una fracción de los ingresos, de alguna manera Patti y yo podemos diezmar más, pagar nuestras cuentas y todavía nos queda algo para hacer cosas divertidas en familia.

He sido bendecido, pero no son las cosas materiales las que importan. Cuando digo que pueden tener una vida como la mía, estoy hablando de la Vida, es decir, del gozo y la paz que provienen de conocer a Cristo.

Tengo alegría y paz, y una familia amorosa y algunas posesiones materiales, porque ese anciano está muerto. Jesús me dio una nueva vida.

Los hombres que vienen a mi clase también pueden tener uno.

No será fácil. Lo sé tan bien como cualquiera. Estos hombres necesitan trazar la línea en la arena. Tienen que enfrentarse a la oscuridad dentro y alrededor de ellos y decir: "Basta". Es parte de lo que significa ser un hombre. Es parte de entregar nuestras vidas a Cristo.

Antes de que el rey David fuera el rey más grande de Israel, era el más pequeño de sus hermanos. Aun así, cuando el filisteo, Goliat, amenazó al ejército israelita, David confió en Dios y salió a luchar contra el gigante.

Goliat era enorme. Hombros como una bestia. Patas como troncos de árboles. Tenía mucho cuerpo al que apuntar, pero David apuntó alto. Fue tras el objetivo más pequeño: la cabeza del gigante.

David era un buen tirador, pero no había forma de que lo lograra por su cuenta. Solo con la ayuda de Dios mató al enemigo (1 Samuel 17).

El acrónimo de All In Ministries es AIM – Ministerio Con Todo. A menudo les digo a los hombres con los que trabajo: apunten alto. No escuches lo que el mundo te dice. Escucha a Dios.

A estos hombres que visito se les ha dicho una y otra vez que nunca llegarán a nada. Siempre serán alborotadores. Siempre será un drogadicto o un borracho.

Todos los que rodeaban a David le decían que era un tonto. Nunca saldría del campo de batalla. Nunca le ganaría al gigante.

David ignoró esas voces. Escuchó a Dios y apuntó alto.

Lo mismo que les digo a los hombres. Tienen que dejar de escuchar esas voces. Tienen que apuntar alto.

Al crecer, imaginaba que Jesús era pasivo. Me lo imaginé apenas allí, alguien que se desvanecería en el fondo si no lo miraras directamente.

Pero ese no es Jesús.

Jesús llamó a los líderes religiosos generación de víboras (Mateo 12:34). Derribó las mesas del templo (Mateo 21:12-17). Dijo tres palabras: "¡Yo soy Él!" Y derribó a un batallón de soldados (Juan 18:6).

Les digo a los hombres que esto es lo que tienen que hacer. Trata de ser como Jesús. Mantente firme. Afírmate y di: "¡Basta!"

El mundo de la adicción es un mundo difícil de vivir y un mundo más difícil de abandonar. La mayoría de los hombres con los que trabajo no han logrado.

A veces siento un peso grande. Cuando un joven con el que he estado trabajando durante meses deja de llamar y desaparece de mi radar, sé lo que sucedió. Se siente como si la oscuridad hubiera ganado, y es fácil deprimirme al respecto.

Pero confío en la luz. Creo que solo vemos una pequeña parte de todo el panorama.

Así que a los hombres que han recaído, a las familias que los aman, y a cualquiera de ustedes que esté luchando en la oscuridad en este momento, tengo una última palabra:

Siempre hay esperanza. Mi puerta siempre está abierta. No voy a juzgar. No voy a condenar. Cuando estés listo, házmelo saber.

Siempre hay esperanza. Incluso si nunca vuelvo a saber de una persona, creo que el Espíritu Santo está obrando en su vida. Puede que no llegue a verlo, pero algún día algo se les va a pegar y va a hacer clic.

Siempre hay esperanza. El mundo oscuro de la adicción a las drogas tiene un control poderoso, pero puedes liberarte. He estado con los hombres mientras ven la luz de Jesús y he tenido la bendición de caminar con ellos a través de esos primeros momentos de alegría. Puede sucederte a ti o a la persona que amas.

Y, por último, siempre hay esperanza. Al final, esta es la obra de Dios. Y Dios hace brillar la luz en la oscuridad y la oscuridad nunca la vencerá.

Epilogó

Cuando comencé All in Ministries - Ministerio Con Todo en la primavera de 2017, tenía una visión de lo que sería. Pensé que tenía grandes sueños, pero los sueños de Dios eran más grandes. Nunca imaginé que estaríamos donde estamos hoy.

Trabajo a través de los sistemas carcelarios del condado de Dakota y la prisión de Stillwater. Soy mentor en el Tribunal de Drogas del Condado de Goodhue. Visito a los hombres en centros de reinserción social, restaurantes, cafeterías y a través de llamadas telefónicas y mensajes de texto.

He trabajado para traer a Jesús a la vida de estos hombres, pero Dios todavía tenía más para mí que hacer.

Trabajo con familias. Mientras ayudo a los hombres en su lucha contra la adicción, camino con sus mamás, papás, hermanos y amigos.

He trabajado para llevar la luz de Cristo a estos sistemas familiares, pero Dios todavía tenía más para mí que hacer.

Trabajo con iglesias. Cuento mi historia, señalando lo que Jesús ha hecho. Hablo en lugares públicos, dondequiera que me inviten, incluso una vez en las Escuelas Públicas de Apple Valley, y les cuento sobre el milagro de la resurrección que sucedió en mi vida.

Y Dios todavía tenía más para mí que hacer. Dirijo una clase en el sistema carcelario del condado de Goodhue. Cada semana me siento con hombres que están rotos como yo y juntos hablamos de lo que significa ser un hombre.

Dios ha llenado mi vida de bendiciones. Me ha dado una socia increíble en Patti, una gran familia y los mejores suegros que cualquiera podría desear. Ahora cuento al padre de Patti, Bob Strom, como uno de mis mejores amigos.

Dios ha sido bueno conmigo y tengo el privilegio de hacer Su obra. Sé que Él me sorprenderá mañana con algo nuevo, y haré todo lo posible para hacerlo. Mientras tenga aliento en mi cuerpo, trabajaré para compartir la luz y la alegría de Jesús con todos los que conozca.

Tal vez hoy seas tú. Si este libro te ha conmovido, comunícate conmigo. Si tú o un ser querido está luchando contra una adicción, házmelo saber. Envíame un correo electrónico. No importa dónde vivas, te responderé. Haré todo lo posible para caminar contigo o con un miembro de tu familia a través de la oscuridad hacia la luz.

No es un viaje fácil, pero Dios está haciendo milagros todos los días. Puedes tener tu propia historia de resurrección.

Siempre hay esperanza.

Invitación

Con Dios estamos marcando la diferencia. Escribo "nosotros" porque no soy yo el único que hace esto. Asociarnos con All in Ministries - Ministerio Con Todo a través de sus oraciones y finanzas nos convierte en un equipo. Somos nosotros en las calles; en las cárceles, tribunales, iglesias y escuelas; y con las familias.

All in Ministries - Ministerio Con Todo es una organización sin fines de lucro financiada con fondos privados. Tiene un 501c3 y está totalmente reconocido por el estado de Minnesota.

Si te ha conmovido la historia del libro, te invito a apoyar el ministerio a través de la oración, palabras de aliento o una donación financiera.

Juntos podemos tocar la vida de muchos con el amor de Jesús.

Testimonios:

"All in Ministries - Ministerio Con Todo ha sido fundamental en nuestro viaje. Los problemas de adicción, violencia,

armas, encarcelamiento y enfermedades mentales han tenido profundos efectos en toda nuestra familia, y Dennis ha sido una fuente de orientación y esperanza. Él nos ha aconsejado. Él nos ha consolado. Él nos ha enseñado cuándo mostrar amor duro. Él ha orado con nosotros. Molly y yo nos habríamos sentido perdidos y solos sin tener a Dennis a nuestro lado. Nunca podré agradecerle lo suficiente por lo que ha hecho".

-Pat y Molly

"Conocí All in Ministries - Ministerio Con Todo después de un par de años muy oscuros. Estaba en mi punto más bajo y necesitaba a alguien que pudiera entender las cosas por las que estaba pasando. Dennis apareció y agregó algo a mi vida que me faltaba, y eso fue Cristo. Sin su sabiduría y guía, no estoy seguro de haber llegado a este lugar positivo en mi vida. Sé que puedo llamarlo a cualquier hora, de día o de noche, para que me guíe en cualquier cosa. Su aliento y su amor duro me han ayudado a superar todas las audiencias judiciales y, finalmente, me han ayudado a conseguir un trabajo a tiempo completo. No puedo agradecer lo suficiente al pastor Dennis o a All in Ministries - Ministerio Con Todo por todo lo que han hecho por mí y las cosas que continúan haciendo".

- Jesse

Póngase en contacto con Dennis:
PO Box 240602
Apple Valley, MN 55124
www.allinministries.org
Dennis@allinministries.org

Me gustaría cerrar este libro con una oración escrita por mi amigo y mentor Roger Lane.

Amado Señor,
Oro para que el lector de este libro sea bendecido y animado por su contenido.
Oro por aquellos que han tenido errores de juicio que han causado dolor tanto en su propia vida como en la vida de otros.
Te pido que concedas tu paz, perdón y amor a partir de este día.
Te pido que inspires a cada lector a animar a otros en su viaje de vida para encontrar a Dios a través de Tu hijo, Jesucristo.
Oro esto en el nombre de Jesús. Amén.

www.ingramcontent.com/pod-product-compliance
Lightning Source LLC
Chambersburg PA
CBHW051654040426
42446CB00009B/1132